석학
人文
강좌
02

상생적 자유주의

석학人文강좌 **02**
상생적 자유주의 – 자유, 평등, 상생과 사회발전

2009년 3월 23일   초판 1쇄 발행

지은이   이근식
펴낸이   한철희
펴낸곳   돌베개
책임편집   최양순 · 이경아
편집   조성웅 · 김희진 · 고경원 · 신귀영
디자인   이은정 · 박정영
디자인기획   민진기디자인

등록   1979년 8월 25일 제406-2003-018호
주소   (413-756) 경기도 파주시 교하읍 문발리 파주출판도시 532-4
전화   (031) 955-5020
팩스   (031) 955-5050
홈페이지   www.dolbegae.com
전자우편   book@dolbegae.co.kr

ISBN 978-89-7199-333-0 04300
ISBN 978-89-7199-331-6 (세트)

이 저서는 '한국학술진흥재단 석학과 함께하는 인문강좌'의 지원을 받아 출판된 책입니다.

석학
人文
강좌
02

상생적 자유주의

자유, 평등, 상생과 사회발전

이근식 지음

돌베
개

천민자본주의란 말이 실감나는 요즈음 세상이다. 삼사십 년 전에 우리나라를 천민자본주의라고 비난하는 얘기를 들을 때에는, 원래 자본주의는 양반자본주의인데 우리나라가 잘못된 모양이라고 생각했었다. 그러나 요즈음 보니 자본주의가 원래 천민자본주의인 것 같다. 돈 없이는 못 살고, 돈으로 못 사는 것이 거의 없으며, 살벌한 경쟁 속에서 각개약진으로 각자 알아서 생존해야 하는 자본주의 사회에서는 누구나 저절로 돈과 자기밖에 모르는 경제적 동물이 되기 쉽기 때문이다.

천민자본주의의 전형이 현재의 미국인 것 같다. 천민자본주의의 속성인 빈부격차가 극심하고 공공복지제도가 미흡하여, 감옥 수감자가 200만 명에 이르고, 의료보험이 없어서 중병에 걸리면 죽기를 기다릴 수밖에 없는 빈민이 5000만 명에 가까운 나라가 현재의 미국이다. 그럼에도 우리나라를 이런 나라로 만들어야 한다고 목청을 돋우는 분들이 우리나라 지도층 중에 매우 많다. '한미자유무역협정'이 우리나라를 살리는 첩경이라고 우기는 분들이 그런 분들이다. 현재의 미국 사회제도들을 그대로 한국에 도입하자는 것이 이 협정의 주요 내용이기 때문이다.

미국에서도 신자유주의가 유행하기 전인 1970년대까지는, 요즘 칭송과 선망의 대상이 되고 있는 대량 해고나 회사 임원들의 초고액 연봉은 부끄러운 일이었다. 오바마 대통령이 당선된 것도 미국의 중산층이 신자유주의가 만든 천민자본주의에 등을 돌렸기 때문이다. 오바마 대통령은 신자유주의를 청산하는 사회통합 정책을 이미 시행하기 시작하였다.

사람이 사람인 것은 가치를 추구하는 윤리의식이 있기 때문이다. 올바른 윤리의식이 없는 인간은 영리한 동물에 불과하다. 윤리의식의 근본은 '만인평등' 사상이라고 생각된다. 인격, 존엄성 및 권리에서 모든 개인은 절대적으로 평등하다는 만인평등사상은 근대 시민정신의 핵심이며, 사회정의에 관한 으뜸 공리이자 가장 본원적인 윤리의식이며, 자유와 상생은 여기서 파생된 가치이며, 만인평등이 실현된 사회가 우리가 궁극적으로 바라는 사회라는 생각이 근래 들어 나에게 점차 분명해졌다.

학문에서 가치판단을 배제하자는 과학실증주의가 20세기 들어서 전체 학계를 지배해 오고 있다. 가치관에는 개인의 취향에 맡겨야 할 가치관도 있지만, 인류의 보편적 윤리의식이라는 가치관은 학자라고 외면할 수 없다. 과학실증주의라는 미망에 빠져서 스스로 학상學商이나 학노學奴로 살아가는 사람들이 적지 않다. 만인평등의 시각에서 자유, 평등과 상생이 무엇인지 생각해 보는 것은 이를 극복하는 한 방법이 될 수 있을 것이다.

이 책은 저자가 2007년 12월 22일부터 네 번에 걸쳐, '한국학술진흥재단'이 주최한 '석학과 함께하는 인문 강좌'의 세 번째 시리즈로 일반 시민을 대상으로 강의하였던 원고를 정리한 것이다. 이 책 중 1, 3, 4장은 저자가 펴낸 『자유와 상생』(기파랑, 2005)에 실었던 것이고, 2장은 20년 전에 학회에서 발표하였던 원고인데, 인문 강좌 강의를 계기로 만인평등의 기본 시각에서 보완한 것이다. 이 중에서 평등을 논한 2장이 크게 보완되었다.

부족한 저자에게 영광스러운 기회를 준 '한국학술진흥재단', 종합 토론에서 유익한 논평을 해주신 서병훈 교수, 정종섭 교수 및 고병권 박사, 최양순 선생을 비롯하여 출판을 맡아 수고하신 '돌베개' 출판사 여러분께 감사드린다. 10년간 저자에게 공부와 만남의 즐거움을 주는 '이화회' 회원들, 그리고 사는 재미와 보람을 주는 가족들(강아지와 고양이 포함)에게 감사한다.

2009년 정월 칼바람이 부는 날
눈 내린 경기도 양평땅 서후리 산골에서

이근식

차례

1장

자유와 자유주의

내가 자유주의liberalism를 좋아하는 것은 자유주의가 인간의 불완전성을 논의의 출발점으로 삼기 때문이다. 즉 사람은 누구나 과오를 범할 수 있다는 것이 자유주의의 기본 입장이다. 나도 마찬가지다. 더욱이 이 장에서 고찰하는 자유, 평등, 사회발전 등의 주제는 추상적인 문제이므로 이에 관한 논의는 수없이 존재하는 반면, 이에 관한 나의 공부는 한계가 있으므로 내 생각은 어디까지나 주관적이며 제한적인 수준을 넘지 못한다. 나는 내 생각이 맞다고 고집부릴 생각이 없다. 여러분들 나름대로 자유롭게 비판하고 생각하시기를 바란다.

I

과학실증주의의 극복

이 글을 쓰면서 먼저 나의 기본 입장을 밝혀 두려고 한다. 나의 기본 입장은 가치판단을 배제하는 **과학실증주의**를 배격하고 올바른 윤리의식에 입각한 가치판단을 견지한다는 것이다. 사람의 판단은 사실판단과 가치판단의 두 가지로 나눌 수 있다. 제비꽃을 보고 제비꽃임을 아는 것이 사실판단이고, 제비꽃을 보고 예쁘다고 느끼는 것이 가치판단이다.[1] 사실판단의 오류 여부는 사실 확인을 통해 객관적으로 판별할 수 있다. 반면에 가치판단은 주관적이므로 오류 여부를 객관적으로 판별하기가 어렵다. 가치판단에 영향을 주는 취향과 이해관계가

---

[1] 가치판단과 사실판단을 구분하는 것은 사실판단으로부터 가치판단이 도출될 수 없다는 사실에 근거한다. Rossi.

사람마다 다르므로, 어떤 현상이나 주장에 대해 여러 가지의 가치판단을 할 수 있기 때문이다. 이 때문에 가치판단을 과학의 영역에서 배제하자는 **실증주의**positivism가 현대 과학을 지배하고 있으며, 대부분의 학자들이 이를 받아들이고 있다. 베버Max Weber(1864~1920)의 **몰가치론** 沒價値論(Wertfreiheit)이 대표적인 예다.[2] 자신을 **실증경제학**positive economics이라고 부르는 현대의 주류 경제학도 경제학에서 가치판단을 배제해야 한다고 주장한다.

얼핏 생각하면 실증주의는 논란의 여지가 없는 당연한 것처럼 여겨지지만, 실은 잘못된 주장이다. 과학은 결국 인간에게 실질적인 영향을 미치므로, 경제학을 포함한 사회과학은 물론이고 자연과학에서도 가치판단을 배제한다는 것은 불가능하다. 뢰프케Wilhelm Röpke(1889~1966)의 말과 같이, 가치판단을 배제한다는 주장 자체가 실은 현실 비판을 회피하겠다는 일종의 가치판단을 내포하고 있다(Röpke, 75쪽). 사실판단만이 아니라 가치판단도 과학자들의 회피할 수 없는 임무다. 과학자도 인간이며, 어떤 인간도 윤리를 도외시할 수 없기 때문이다.

가치판단의 옳고 그름을 객관적으로 평가하기는 힘들지만, 가치관

---

2 베버가 주장한 것은 대학 강단에서 가치판단을 배제하자는 것이지, 인간 생활에서 가치판단을 배제하자는 것은 아니다. 사제지간에는 자유로운 토론을 하기가 어려워, 교수가 대학 강단에서 자신의 가치판단을 학생들에게 일방적으로 주입할 위험이 크기 때문이다. 그러나 자유로운 토론이 가능한 장소, 예컨대 시장에서는 가치판단을 논할 수 있다고 베버는 보았다고 한다. 이 점은 베버 전공자인 전성우 교수(한양대 사회학)가 깨우쳐 주었다.

중에는 잘못된 것이 분명히 있다. 인종주의, 파시즘, 군국주의와 같이 윤리적으로 그릇된 주장에 입각한 이념은 분명 옳지 못한 가치관이다. **가치판단의 기준**이 되는 가치관은 두 가지로 나눌 수 있을 것이다. 하나는 윤리와 상관없는 개인의 취향이나 인생 목표에 관한 가치관이고, 둘은 윤리와 관련된 가치관인 **윤리의식**이다. 개인의 취향이나 인생 목표는 개인에게 맡길 문제다. 윤리 문제와 상관없는 개인적인 가치관은 과학에서 따질 필요가 없다. 그러나 윤리 문제와 관련된 가치판단은 이와 다르다. 인간은 사회적인 존재이므로 어떤 인간도 윤리 문제로부터 자유로울 수 없다. 과학자가 비윤리적인(반인륜적인) 연구에 참여하면서 과학실증주의를 내세워 자신을 합리화하는 것은 자기기만이다. 적지 않은 학자들이 과학실증주의라는 명분을 내세워 자신을 합리화하면서 돈이나 권력이 시키는 대로 비윤리적인 일을 하는 것은 자신이 윤리적 존재인 인간임을 부정하는 것이며, 스스로 자신을 학상學商이나 학노學奴로 전락시키는 것이다.

　윤리의 기본 내용은 무엇일까? 시대와 사회에 따라서 다르지만, 윤리에는 동서고금에 변하지 않는 보편적인 내용이 있다. 그것은 모든 사람의 인권을 존중하고 자신의 이익을 위해 다른 사람에게 부당한 피해를 주지 말라는 것이요, 나아가 자신만이 아니라 다른 사람의 행복을 위해서도 노력하는 것이라고 볼 수 있다. 즉, 이기심을 극복하고 모두 함께 잘살기 위해 노력하라는 것이다. 이 장에서 주장하는 상생의 원리도 바로 이를 말한다. 이런 상생의 입장에 서면 사람들 간의 취향이나 이해관계의 차이를 극복하고 합의를 도출할 수 있을 것이다.

가치판단만이 아니라 사실판단에서도 사람들은 종종 잘못을 저지른다. 이의 원인은 두 가지로 분류할 수 있을 것이다. 하나는 정보가 부족하거나 사고 능력(정보 처리 능력)이 부족하기 때문에 사실을 잘못 파악하는 경우다. 정보와 사고 능력이 불완전한 인간이 이런 과오를 범하는 것은 종종 있는 일이다. 이는 이해관계나 주관적인 편견과는 상관없이 발생하는 **사실판단의 오류**이다.

이런 경우보다 학자가 더 주의해야 하는 것은 자신의 편견이나 이해관계 때문에 사실을 의식적으로 또는 무의식적으로 왜곡하는 경우다. 인간의 인식 능력은 부족하고 현실은 복잡하며 정보도 부족해서 사람들은 무엇이 무엇인지 잘 알 수 없을 때가 많다. 이렇게도 보이고 저렇게도 설명된다. 이처럼 잘 알 수 없을 때, 사람들은 자신의 주관적 편견이나 이해관계에 무의식적으로 이끌려 사실을 왜곡해서 잘못 인식하고, 잘못된 인식은 다시 또 다른 편견을 낳는다. 사람들은 보고 싶은 것만 보고, 듣고 싶은 것만 듣고, 믿고 싶은 것만 믿고자 한다. 학자임을 자임하는 사람들도 자신의 주장과 다르면 눈앞의 흰 꽃을 보면서도 빨간 꽃이라고 우기는 경우가 종종 있다. 잘못된 가치판단과 사실판단이 상호 상승 작용을 하는 악순환이 계속된다. 인류 역사상 큰 죄악을 저지른 사람치고 자신에 대한 확신이 없는 사람이 없고, 자신의 주장에 대한 근거를 제시하지 못하는 사람이 없다. 우리 주위를 둘러보아도, 직업이나 교육 수준에 상관없이 자신의 이익을 사회의 이익이라고 강변하면서 자신이 틀린 줄도 부끄러운 줄도 모르고 떠드는 소리가 천지에 가득하다.

우리가 피해야 할 것은 건전한 윤리적 판단으로서의 가치판단이 아니라, 편견이나 이해관계라는 색안경을 쓰고 사물을 바라보면서 사실을 왜곡시키는 것이다. **건전한 가치관**이란 인종, 종교, 성, 재산, 신분 등 그 어떤 이유로도 사람을 차별하지 않고 모든 사람의 기본 인권을 존중하는 건전한 윤리의식을 말하며, **냉철한 이성**이란 자신의 편견이나 이해관계를 떠나서 사실을 있는 그대로 인식할 수 있는 능력을 말한다. **건전한 가치관과 냉철한 사실판단력이 합쳐졌을 때, 우리는 비로소 이성理性을 갖추었다고 말할 수 있을 것이다.** 영국의 경제학자 마셜Alfred Marshall(1842~1924)이 1885년 케임브리지대학 경제학과 교수 취임 연설에서 "경제학자economists는 '찬 머리와 더운 가슴'cool head and warm heart을 가져야 한다"고 말한 것이 이에 해당할 것이다. 이러한 이성이야말로 인간의 가장 큰 장점이며 사회를 발전시키는 힘이다. 이성의 두 요소 중에서 강조할 것은 건전한 가치판단력인 윤리의식이다. 흔히 이성이라고 하면 주로 인간의 사실판단력을 말하지만, 마지막 장에서 보는 바와 같이 건전한 윤리의식이 사회가 발전하는 데 더욱 중요한 요소다.

자유와 자유주의의 의미

자유liberty(또는 freedom)[3]란 일단 개인이 원치 않는 속박으로부터 벗어나거나 벗어나 있는 상태를 말한다고 할 수 있다. 그러나 자유의 구체적인 의미에 대해서는 여러 가지로 생각할 수 있다. 여기서는 자유를 가장 중시하여, 자유에 관해 가장 풍부한 내용을 가지고 있는 자유주의의 입장에서 그 의미를 좀 더 구체적으로 생각해 보기로 한다.

첫째, 자유는 집단이 아니라 개인의 자유를 의미한다. 다음에서 보는 바와 같이 자유주의는 개인만이 궁극적 가치를 갖고 있다고 보는

---

3 liberty는 사회적 자유를, freedom은 사회적 자유를 포함해 모든 자유를 의미하는 것으로 구분하기도 하지만, 일반적으로 이 둘은 혼용된다. 이 글에서는 사회적 자유를 가리킬 때 liberty를 쓰기로 한다.

개인주의의 입장에 서 있다. 따라서 자유라는 말은 개인에 대해서만 사용되며, 국가·민족·계급·회사 같은 단체나 조직에 대해서는 사용하지 않는다. 여기서 알 수 있는 것처럼, 자유는 어디까지나 개인에게 적용되는 말이며 집단에는 해당되지 않는다.

둘째, 자유주의에서 말하는 자유는 **사회적 자유**social liberty이다. 사회적 자유란 사상과 출판, 취업, 결사, 정치 참여, 종교 선택과 같이 개인이 사회생활을 하는 데 필요한 자유를 말한다. 이와 달리 개인적인 무지, 탐욕, 미신, 강박 관념, 좋지 않은 습관, 나쁜 친구 등과 같이 특정 개인에게만 해당되는 문제로부터의 자유는 **개별적 자유**individualistic liberty/freedom라고 할 수 있을 것이다. 개별적 자유는 개인이 스스로 혼자 해결해야 하는 것이므로 사회적 자유라고 볼 수 없다. 사회 구성원 전체에게 공통으로 문제가 되는 자유가 사회적 자유다. 개인의 사회적 자유를 주로 제한하는 것은 정치권력, 재벌권력, 종교권력, 언론권력과 같이 모두 사회적인 권력이다. 따라서 자유주의에서 말하는 자유는 **사회적 권력의 부당한 침해로부터의 자유**라고 볼 수 있다. 밀John Stuart Mill(1806~1873)의 말을 빌리면, 자유란 "의지의 자유가 아니라 시민적civil 또는 사회적 자유다. 바꾸어 말하여 사회가 개인에게 정당하게 행사할 수 있는 권력의 본질과 그 권력 행사의 한계 문제"이다(Mill, 『자유론』, 237쪽).

이러한 방법으로 분류하기 힘든 자유가 있다. 그것은 **빈곤으로부터의 자유**이다. 빈곤으로부터의 자유는 앞에서 정의한 개별적 자유나 사회적 자유, 그 어느 것에도 포함시키기 힘들다. 개인의 힘만으로는 해결되지 않는 빈곤이 분명 존재하며, 그렇다고 빈곤을 사회적 권력에 의한 부당한 침해라고 보기도 어렵기 때문이다. 그러나 빈곤이 인간을 억압하는 중요한 사회적 요인임은 분명하다. 경제적 분배와 직결되는 이 문제는 뒤에 나오는 진보적 자유주의와 자유지상주의 논의에서, 그리고 2장과 4장에서 구체적으로 논의할 것이다.

셋째, 자유주의에서 말하는 자유는 협의의 자유만을 의미하는 것이 아니라 생명권과 재산권을 모두 포함하는 **인권**human rights 전체다. 자유는 협의의 자유와 광의의 자유로 나눌 수 있을 것이다. **협의의 자유**란 강압이 없는 자유로운 상태를 말한다. 보통 말하는 종교의 자유나 결사의 자유 같은 선택의 자유가 이에 해당한다. **광의의 자유**란 자유만이 아니라 개인의 생명과 신체, 재산 보장을 모두 포함한 개인 기본권 전체를 말한다. 자유주의자들이 구체제의 강압정치에 대항해서 투쟁할 때 기치로 내건 자유도 이러한 광의의 자유였다. 그러나 협의의 자유는 실질적으로 광의의 자유와 동일하다. 생명과 인신人身과 재산에 대한 권력의 침해는 자유의 박탈을 초래하기 때문이다.

이런 개인의 사회적 자유를 가장 중요한 사회적 가치로 보는 사회 사상을 **자유주의**라고 말할 수 있다. 그러나 이렇게 간단히 말하기에는 자유주의의 의미가 매우 풍부하고 복잡하다. 이 때문에 외국에서나 우리나라에서나 자유주의처럼 다양한 의미로 사용되는 이념도 드물다. 자유주의의 본고장인 서양에서도 보수주의자와 급진 개혁주의자가 모두 서로 자유주의자라고 자처한다. 심지어 공산주의자들도 자유를 달라고 외친다. 우리나라에서는 혼란이 더욱 심해 자유주의를 한 쪽에서는 부르주아지들의 집단이기주의로 해석하기도 하고, 다른 한 쪽에서는 반공주의와 동일시하기도 한다. 이처럼 자유주의에 대한 해석이 구구한 것은 자유주의 자체가 시대, 사회와 집단에 따라서 각기 달리 사용되어 왔기 때문일 것이다. 이런 혼란을 피하고 자유주의의 의미를 보다 정확하게 이해하기 위해 자유주의가 등장하고 발전해 온 역사적 과정을 살펴볼 필요가 있다. 다른 사회 이념과 마찬가지로 자유주의도 사람의 머릿속에서 관념적으로 발전되어 온 것이 아니라, 구체적인 역사 속에서 형성되어 왔기 때문이다.

12~13세기경 이탈리아에서 시작된 자본주의 경제의 발전은 르네상스와 종교개혁, 시민혁명과 같은 근대 사회로 발전하는 일련의 과정에서 일어난 사건들의 물질적 토대를 제공했으며, 동시에 이런 변화의 주역인 **부르주아**(중소 상공인)들을 탄생시킴으로써 자유주의가 발전하는 사회적 근거를 마련하였다. 자유주의는 르네상스와 종교개혁, 시민혁명이라는 서양 근대의 구체적인 역사가 전개되는 가운데 형성되어 왔다.[4] 르네상스를 통해 인본주의, 개인주의, 현세주의, 그리고 이성에 대한 자각, 이성을 이용한 과학의 발견, 합리적인 사고방식이라는 자유주의의 요소들이 생성되었다. 또 종교개혁을 통해서는 종교

---

4 이에 대해서는 이근식의 「자유주의 생성의 역사적 배경」(이근식·황경식 편, 『자유주의의 원류』, 철학과현실사, 2003), 11~75쪽 참조.

와 사상 및 양심의 자유, 관용, 그리고 자본주의적 윤리라는 자유주의 요소가 형성되었다. 절대군주제를 무너뜨린 시민혁명을 통해서는 폭정에 대한 저항권, 사유재산권을 포함한 개인의 기본 인권 사상, 그리고 개인의 자유와 재산을 보호하는 민주주의와 법치주의라는 자유주의 사회제도가 생성 발전하였다. 이렇게 보면 자유주의는 인본주의, 현세주의, 개인주의, 과학적이고 합리적인 사고, 종교와 사상의 자유, 관용, 자본주의 윤리, 폭정에 대한 저항권, 사유재산 및 인권의 존중 등을 모두 포함하는 사상이며, 이는 근대 서양의 사고방식 전체를 포함한다고 볼 수 있다. 이를 **광의의 자유주의**라고 부를 수 있을 것이다.

자유주의를 경우에 따라서는 이런 광의의 자유주의 개념으로 사용하기도 한다. 르네상스에서 자유주의가 시작되었다고 보는 견해가 이에 해당한다. 그러나 이렇게 해석하는 것은 범위가 너무 넓어서 자유주의를 다른 서양 근대 사상과 구분하기 힘들게 한다. 예를 들어 현세주의나 과학적 사고방식 등은 분명 자유주의의 기반이 되는 요소이긴 하지만, 비단 자유주의만의 요소라기보다는 모든 합리적인 사고방식에 공통된 요소라고 볼 수 있다. 예를 들어 마르크스주의도 이런 사고방식을 주장한다. 따라서 우리는 다른 사상과 구분되는 자유주의인 **협의의 자유주의**, 즉 다른 서양 근대 사상들과 차별되는 사상으로서의 자유주의가 무엇인지를 생각해 보아야 할 것이다. 통상의 자유주의는 광의의 자유주의가 아니라 협의의 자유주의를 말하며, 이제부터 이 글에서도 자유주의를 협의의 자유주의와 같은 의미로 사용한다.

마르크스Karl Marx(1818~1883) 같은 사회주의자나 헤겔Georg Wilhelm Friedrich Hegel(1770~1831) 같은 국가주의자들과 민족주의자들을 제외하고, 베이컨Francis Bacon(1561~1626)이나 홉스Thomas Hobbes(1588~1679), 로크John Locke(1632~1704), 흄David Hume(1711~1776), 벤담Jeremy Bentham(1748~1832), 스미스Adam Smith(1723~1790), 밀, 몽테스키외C. L. Montesquieu(1689~1755), 볼테르François M. A. Voltaire(1694~1778), 칸트Immanuel Kant(1724~1804), 베버 등 근대 서양의 대표적인 사상가들은 대부분 자유주의자라고 볼 수 있다. 이처럼 자유주의자로 분류될 수 있는 사람이 매우 많기 때문에 이들의 다양한 주장이나 이론을 모두 담을 수 있는 자유주의를 정의하기란 거의 불가능하다. 이런 곤란을 피하기 위해 자유주의를 역사적 맥락에서 파악해 보자. 역사적 맥락에서 파악하면, **자유주의는 모든 개인은 절대적으로 소중하며 자유롭고 평등하다는 근대 시민사상이며, 비인간적이고 차별적이던 절대군주제와 전통적 신분 사회를 무너뜨리고 민주주의와 법치주의를 축으로 하는 근대 서양의 평등한 시민사회를 건설한 주역인 부르주아의 건강한 시민정신이다.**

근대 서양 사회는 자본주의 경제와 함께 발전해 왔다. 자본주의의 발전은 서양 사회를 모든 면에서 본질적으로 바꾸어 놓았다. 생활 단위가 장원이라는 공동체에서 상공업을 운영하는 개인으로 변함에 따라, 사람들의 생활 양식과 사고방식도 중세의 공동체주의에서 개인주의라는 근대적인 모습으로 바뀌었다. 또한 중세의 지주 귀족 계급이 점차 힘을 잃어 간 반면, 평민이던 중소 상공인(부르주아)[5]이 부를 축적해 새로운 사회 주도 세력으로 등장하였다. 이 부르주아 계급이 서양 근대 사회발전의 주역인 **시민 계급**[6]이다.

서양에서 대략 15세기에서 18세기까지는 근대국가를 건설nation building하던 시기였다. 476년 서로마제국이 멸망한 이후 서양에서는 중세 천 년 동안 수백의 영주가 독자적으로 자신의 지역을 다스렸기 때문에 통일된 근대국가가 없었다. 이를 통일하고 근대국가를 건설한 것이 절대군주였다. 유럽에서 절대군주들이 나타나 분할되어 있던 지역들을 통일하고 근대국가를 건설하기 시작한 것은 대략 15세기경부터라고 볼 수 있다. 절대군주들은 안으로는 지방영주들을 정복해서 분할되어 있던 국토를 통일하고, 조세제도·행정제도·법률 등을 정비해 근대국가를 건설했으며, 밖으로는 외국과 영토 전쟁을 계속하였다. 이 시기 유럽 국가들의 부국강병책 내지 민족주의적인 경제정책을 **중상주의**mercantilism라고 부른다.

부르주아들은 절대군주제가 처음 만들어지는 과정에서는 절대군주에게 협력하였다. 절대군주들이 영토와 시장을 통일하고 근대적 제도

---

5 부르주아(bourgeois)는 중소 상공인을, 부르주아지(bourgeoisie)는 중소 상공인 계급을 말한다.
6 시민(citizen)을 이념형으로 파악하면 사회의 주인의식을 가지고 이를 행동으로 실천하는 사회 구성원이며, 자신의 권리를 지키기 위해 압제에 대항하고 투쟁하면서 자신이 바라는 사회를 건설하는 데 적극적으로 참여하여 자신의 사회적 의무를 수행하는 계층으로 이해할 수 있다.

를 정비해 상인들로 하여금 지방영주들의 수탈과 복잡한 규제를 벗어나게 해주는 것이 이들에게 유리하였기 때문이다. 그리고 절대군주들에게는 기존 귀족들의 세력을 약화시키기 위해 부르주아들의 협력이 필요하였다. 절대군주들은 이를 위해 부르주아 출신들을 관료로 등용하였으며, 귀족이나 교회로부터 빼앗은 토지를 부르주아들에게 판매하였다. 이와 같이 절대군주제는 절대군주와 부르주아의 연합 세력이 기존의 지방 귀족 세력을 축출하는 과정에서 형성되었다.

그러나 일단 절대군주들이 통일된 근대국가를 건설한 다음에는 부르주아들이 점차 절대군주가 지배하는 구체제에 반기를 들게 되었다. 대내 통일과 대외 전쟁을 수행하는 과정에서 군주의 권한이 절대권력으로 비대해졌으며, 군주를 정점으로 귀족과 평민을 차별하는 신분 질서가 공고해졌기 때문이다. 이러한 차별적인 신분 질서에 기초한 절대군주제가 바로 자유주의자들이 저항한 **구체제**ancient regime였다. 구체제는 귀족들에게 세금을 면제하는 등 각종 특혜를 허용했기 때문에 상공인과 도시 서민, 농민들로 구성되는 평민들은 이 구체제하에서 조세와 병역 부담은 물론 관헌들에게 신체와 재산을 강탈당하고, 생명마저 위협받는 고통을 겪게 되었다. 부르주아들은 신분적으로 평민에 속했기 때문에 구체제에서는 정치 경제적으로 수탈을 당할 수밖에 없는 처지라, 이에 대항하여 앞장서서 투쟁하는 주도적 사회 계급이 되었다. 이처럼 서양에서 절대군주제의 구체제에 대항해 시민혁명7을 추진함으로써 근대 사회를 건설한 근대 시민 계급의 사회사상이 자유주의다. 즉 **자유주의**란 16세기 후반부터 18세기 말까지 서양에서 부르주아지들이 절대군주제의 구체제를 무너뜨리고 평등하고 자유로운 근대 시민사회를 만들고자 전제 군주 및 귀족과 싸우는 시민혁명 과정에서 생장한 사회사상이다. 근대 서양에서 민주국가를 건설한 근대 시민정신이 자유주의이며, 이는 원래 정치적인 투쟁 과정에서 생장한 정치적 이념이다.

이렇게 역사적으로 살펴보면 자유주의의 핵심을 쉽게 파악할 수 있다. 부르주아들은 모든 사람은 평등하다고 주장함으로써 자신들을 수탈하는 신분 차별을 반대하였고, 절대군주의 횡포를 막기 위해 헌법과 법으로 국가권력을 명확히 제한하는 입헌주의 내지 법치주의를 주장하였다. 나아가서는 자신들이 직접 국정에 참여하기 위해 민주주의를 주장하였으며, 자신들의 자유로운 경제 활동을 위해 정부의 경제 규제를 철폐하는 자유시장경제를 주장하였다. 또한 과거 중세 시대의 공동체 생활과 달리 이들의 생업은 각 개인이 자기 책임하에 독립적으로 운영하는 상공업이었기 때문에 공동체보다는 개인의 권리와 책임을 우선시하는 개인주의를 주장했으며, 개인의 생명과 재산, 자유 등 자신들의 모든 정당한 사회적 권리를 '**자유**'라는 한마디로 요약하

---

7 서양 근대사에서 성공한 시민혁명은 네덜란드가 에스파냐의 지배에서 벗어나기 위해 치른 독립 전쟁(1568~1648년), 영국의 청교도혁명(1642~1660년)과 명예혁명(1688년), 미국이 영국의 새로운 간섭 정책에 반발해서 일으킨 독립 전쟁(1775~1783년)과 프랑스 대혁명 (1789~1799년)의 넷이다.

하였다. 즉 **자유주의가 주장하는 자유는 자유만이 아니라, 생명과 재산의 권리를 모두 포함하는 개인의 기본 인권 전체이다.**[8]

이상과 같은 원래의 근대 시민정신을 **고전적 자유주의**classical liberalism 라고 부를 수 있다. 고전적 자유주의는 16세기에서 19세기 전반에 걸쳐 구미에서 민주주의, 법치주의, 자유시장경제와 같은 근대적 사회질서를 건설하는 데 이념적인 기초를 제공하였다. 이런 점에서 자유주의는 우리나라를 비롯한 현대의 후진국 내지 중진국이 근대적인 사회질서를 건설하는 데 큰 도움을 줄 수 있는 사고방식이다. 차별적인 신분제도, 강압정치,[9] 정경 유착, 관치경제 등과 같은 후진성에서 탈피하여 민주주의와 법치주의 및 자유시장경제라는 근대적 사회질서를 건설하는 것이 오늘날 이들 국가가 완수해야 할 과제이기 때문이다.

---

8 영국 고전적 자유주의의 대표였던 로크는 생명(life)과 자유(liberty)와 재산(estates)을 합해 소유물(property)이라고 이름하고, 이를 보호하는 것이 사회(국가)의 목적이라고 보았다. Locke, 『통치론』 §85, §123.

9 authoritarianism을 흔히 권위주의라고 번역하는데, 이보다는 강압정치가 더 정확한 번역이라고 생각된다. 이 체제에서 정권이 주로 사용하는 지배 수단은 무형의 권위가 아니라 물리적인 폭력인 공권력이기 때문이다. 홉하우스는 사회질서의 원리를 authoritarianism과 liberalism의 둘로 구분하고, 전자를 근대 이전 사회의 원리로, 후자를 근대 민주 사회의 원리로 보았다. Hobhouse, 최재희 역, 19~23쪽.

3

자유주의의 인간관: 인간의 불완전성

인간 본성에 대한 이해는 사회 문제를 정확하게 인식하기 위해서 꼭 필요하다. 모든 사회현상은 결국 인간의 개인적이거나 집단적인 구체적 행동에 의해서 이루어지기 때문이다. 인간에 대한 정확한 이해가 없는 이론은 사상누각과 같아 잘못된 해답을 제시하기 쉽다.[10] 자유주의는 이 점에서 튼튼한 기초를 갖추고 있다.

'모든 인간은 불완전하다' 는 것이 자유주의의 인간관이자 자유주의

---

[10] 예를 들어 마르크스는 철학, 경제학, 정치학, 법학, 사회학 등 여러 분야에 걸쳐 일관된 장대한 이론 체계를 구축했으나, 인간성에 관한 정확한 분석을 빠뜨렸기 때문에 사유재산제도가 철폐된 사회주의 사회가 실현되면 인간의 이기심도 계급투쟁도 모두 사라진 지상 천국이 실현될 것이라고 잘못 예상하였다.

의 모든 주장을 뒷받침하는 기초다. 우리 인간은 동물과 달리 이성과 양심을 갖고 있는 위대한 존재라고 스스로 자랑하지만, 밀과 하이에크F. A. Hayek(1899~1992)가 정확하게 지적한 바와 같이 인간은 불완전하기 짝이 없는 존재다(Mill, 『자유론』, 258쪽; Hayek, LLL1, 11~14쪽).

인간의 불완전함은 인식과 도덕 양면에서 파악할 수 있다. 인식에서의 불완전함이란 생각에서 오류를 범할 수 있음을 말한다. 하이에크의 말과 같이, 인간은 사고 능력이 불완전하고 정보도 부족해서 사실을 잘못 인식하거나 틀리게 예측하는 경우가 많다. 인간은 인식에서뿐만 아니라 품성에서도 불완전해서 자신의 욕심을 채우기 위해 다른 사람에게 부당한 피해를 주기 쉽다. 인식 능력의 불완전함보다 이것이 더 큰 문제다. 또 스미스가 지적한 바와 같이, "우리는 양심이라는 내부의 공정한 판사를 갖고 있으나 이 판사는 이기적 욕망이라는 폭력과 불의에 의해 부패할 위험에 자주 처하므로, 우리는 종종 사실과 크게 다른 보고서를 제출하는 유혹에 빠져든다"(Smith, 『도덕감정론』, 141쪽 각주). 모든 인간이 인식과 윤리 양면에서 불완전한 것을 **인간의 이중적 불완전성**이라고 부를 수 있을 것이다.

이러한 인간의 이중적 불완전성이 자유주의의 모든 중요한 주장들의 기본 전제다. 예를 들어 자유주의가 강조하는 사상과 비판의 자유가 필요한 것은 누구나 과오를 범할 수 있기 때문에 이를 바로잡기 위해서이며, 정부 권한의 제한이나 계획경제에 대한 반대, 법치주의 주장 등 자유주의의 주요 주장들도 모두 인간이 불완전한 데서 필연적으로 도출되는 결론들이다. 정치 권력자들도 불완전한 인간이므로 정부 권력을 엄격히 제한할 필요가 있으며, 경제계획을 수립하는 정부의 관료들도 인식 능력이 부족한 인간이므로 이들이 작성한 경제계획이 불완전할 수밖에 없다. 또한 누구든지 자신의 이익을 위해서 타인에게 부당한 피해를 줄 수 있으므로 이를 막기 위해 공정한 법질서가 필요한 것이다.

4

자유주의의 기본 원리

16세기에서 18세기까지의 서양의 시민혁명 과정에서 형성된 고전적 자유주의의 중요한 기본 원리들을 고찰해 보자. 자유주의의 구체적인 모습은 그 후 시대와 사회에 따라서 다소 변형되었지만,[11] 이 원리들은 변하지 않고 오늘날까지 이어져 내려오고 있다고 생각된다.[12]

---

[11] 고전적 자유주의가 변형된 것은 주로 빈부 양극화나 불황과 같은 자본주의의 경제적 병폐에 대처하기 위해 19세기 말부터 정부가 경제에 개입하기 시작하였기 때문이다.

[12] 자유주의의 기본 원리를 최초로 명확히 정리한 사람은 영국의 철학자 로크(John Locke, 1632~1704)라고 볼 수 있다. 자연적 자유, 만인평등, 개인의 기본권(생명·자유·재산에 대한), 합의에 의한 정부(사회계약론), 정부 권한의 제한과 권력 분리, 종교적인 관용, 법치주의, 정부에 대한 사회의 우위, 혁명권 인정, 정당방위의 원칙 등 자유주의와 민주주의의 거의 모든 원칙이 그의 『통치론』(*The Second Treatise of Government*, 1690)에 나와 있다.

(1) 만인평등(사회적 평등)

모든 사람은 본래적으로 평등하다는 **만인평등사상**이 자유주의의 가장 기본적인 관점이다. '모든 사람은 자유롭다'는 자유주의의 주장은 여기서 도출된다. 모든 사람이 평등하므로 아무도 타인의 자유를 억압할 권리가 없기 때문이다. 이와 같이 원래 자유와 평등은 갈등 관계에 있는 것이 아니고,[13] **자유주의는 평등을 기본 원리로 전제하며, 만인평등의 사상으로부터 출발하였다.** 자유주의에서 말하는 사회적 평등은 다음과 같이 몇 가지 의미를 갖고 있다.

첫째로 사회적 평등은 **인격과 인권에서의 평등**을 말한다. 즉, 자유주의는 기본적인 인권과 인격에서 모든 사람이 절대적으로 평등하다고 본다. 모든 개인은 동등한 궁극적인 가치를 가진 절대적 존재로서 완전히 평등하다. 모든 개인은 신분, 인종, 성, 종교, 재산 등에 상관없이 모두 동일하게 그 자체로 절대적인 존엄성을 가진 존재다. 따라서 어떤 사람도 그 목적이 아무리 숭고하더라도, 목적을 위한 수단으로 이용되어서는 안 된다. 자유주의 이전의 전근대 사회에서는 국가, 민족, 가문과 같은 집단의 이익을 위해서, 또는 종교나 이념을 위해서 본인의 의사와는 상관없이 개인이 희생되는 것을 당연시했고, 이로 말미

---

13 평등은 본원적 평등(만인평등), 사회적 평등, 경제적 분배의 평등 셋으로 나눌 수 있으며, 이 중 자유와 갈등을 갖는 것은 경제적 분배의 평등뿐이다. 평등의 세 가지 구분에 관한 고찰은 뒤의 2장에서 살펴보기로 한다.

암아 많은 사람들이 집단의 강요에 의해 희생되는 일이 비일비재하였다. 자유주의의 만인평등은 이에 단호히 반대한다. 만인평등은 다음 2장에서 말하는 본원적 평등이다. 이에 대해서는 2장에서 좀 더 고찰할 것이다.

근대 윤리의 정수인 **인본주의**humanism는 이러한 자유주의의 평등한 인간관에서 도출된 윤리라고 볼 수 있다. 모든 인격을 수단이 아니라 목적으로 대하라는 칸트의 말이 이를 잘 요약한다.[14] 이는 개인 기본권의 절대성을 인정하는 개인주의와 동전의 양면을 이룬다. 실질적으로 둘 다 같은 내용이기 때문이다. 2000년 가까이 인간을 하나님의 종으로 파악하던 기독교 인간관으로부터 해방되어, 인간 자체가 독자적 가치를 지닌 목적으로서의 존재라는 사실을 자각한 것이 인본주의다.

둘째로 자유주의는 **법 앞의 평등**을 주장한다. 신분이나 재산에 상관없이 모든 사람이 법 앞에서 평등하다는 근대 법치주의의 기본 사상은 자유주의에서 말하는 평등사상의 한 표현이다. 과거 전근대 사회에서는 왕이나 귀족, 평민이라는 신분에 따라서, 또는 재산의 많고 적음에 따라서 법적 대우가 다른 것이 보통이었다. 절대권력을 가진 왕은 법의 구속을 받지 않았으며, 귀족은 평민보다 법적으로 우대를 받

---

14 칸트는 이성이 없는 존재는 수단으로 쓰이는 물건에 불과하므로 이성적 존재자만이 인격이며, 이성적 존재자로서의 인격은 목적 자체로 존재한다고 보았다. 여기서의 이성은 논리적 사고 능력인 순수이성이 아니라 윤리의식인 실천이성을 말한다. 칸트는 윤리의식은 논리적으로 도출되는 것이 아니라 자유 의지에 의해 스스로 선택하는 것이라고 보았다. Kant, 최재희 역, 222~239쪽.

았다. 이와 같은 법의 차별이라는 전근대적인 제도를 청산한 것이 자유주의다. 법 앞의 평등은 앞에서 본 인권과 인격에서의 평등을 법으로 표현한 것이다.

셋째로 자유주의의 평등은 **기회균등**equal opportunity을 의미한다. 이는 교육, 취업, 공직 출마 등 모든 사회 활동에 참여할 수 있는 기회가 모든 사람에게 동등하게 개방되어야 함을 말한다.

구체제의 신분 사회에서 평민이라는 이유로 왕과 귀족들에게 차별을 받았던 부르주아들은 자신들을 속박하던 신분의 굴레를 벗어나기 위해 만인평등의 자유주의를 내걸고 왕과 귀족에 대항해서 싸워 승리를 거두었으며, 그 결과 만인평등사상이 현실에서 실천되었다. 요즈음은 만인평등을 당연한 것으로 여기지만, 모든 인간이 인간으로서 동등하게 대접받기 시작한 것은 자유주의가 제도적으로 실현된 다음부터다. 즉 서양의 경우에는 빨라야 200~300년 전에 불과하고, 우리나라의 경우에는 겨우 60여 년 전의 일이다. 그 이전 인류가 국가를 이루며 살아온 수천 년의 세월 동안 인간의 평등을 주장한 종교나 사상은 있었지만, 그것은 일부 사람의 생각으로만 그쳤을 뿐 현실에서는 신분이나 인종, 성, 종교 등 여러 이유를 내세운 인간 차별이 당연시되었으며, 그 결과 절대 다수의 사람들이 인간 대접을 받지 못하고 고통을 당하였다.[15] 이런 오랜 편견과 악습을 타파하고 만인평등의 사회를 최초로 실현한 것이 자유주의다. 100년 전의 조선 시대나 불과 60여 년 전의 일제 강점기에 우리나라에서 천민이란 이유로 또는 여

자라는 이유로 얼마나 심한 차별을 받았던가를 생각하면 만인평등의 자유주의사상이 얼마나 힘찬 생명력을 가졌는지를 알 수 있다.

　서양과 동양이 다른 것이 아니고 근대와 전근대가 다른 것이며, 근대를 전근대로부터 구분 짓는 핵심은 바로 만인평등사상이라는 자유주의 정신이라고 볼 수 있다. 서양 문화는 기본적으로 만인평등과 개인주의의 문화인 데 반해 동양은 차별과 공동체의 문화라고 말하기도 하지만, 이는 틀린 말이다. 서양에서도 자유주의가 확립되기 전에는 동양과 똑같이 개인주의도 평등사상도 없었으며, 신분 차별도 심하였다. 이를 타도하기 위해 일어난 것이 시민혁명이었다. 자유주의의 만인평등사상은 아마도 인류 역사상 가장 중요한 사상이자 근대성의 핵심이라고 생각된다.

　그러나 자유주의에서 말하는 평등은 분명한 한계를 갖고 있다. 앞에서 말한 평등 가운데 기본적인 인권에서의 평등과 법 앞에서의 평등에 대해서는 논란의 여지가 없으나, 세 번째의 기회균등은 애매한 측면이 있다. 직업 선택과 같은 대부분의 사회생활에서 주어지는 선택의 기회는 실질적으로 부모의 재산과 같은 개인의 환경으로부터 결

---

15 예컨대 플라톤과 아리스토텔레스도 노예는 주인보다 여자는 남자보다 열등하므로, 노예는 주인의 지시를 받고 여자는 남자의 지도를 받아야 하는 것이 당연하다고 보았다. 이는 플라톤과 아리스토텔레스의 전 저작에 걸쳐 여러 곳에 나타나 있다. 플라톤은 심지어 여인과 아이들의 공유까지 주장하였다. Plato, 박종현 역, 507쪽.

정적인 영향을 받기 때문이다. 이 문제는 경제적 분배의 평등 문제와 직결된다. 자유주의는 전반적으로 이에 대해서는 보수적인 입장을 취하고 있다. 특히 부르주아들의 사상이었던 고전적 자유주의는 빈곤을 개인의 책임으로 돌리고 당연시하였다.[16] 분배의 불평등은 자유주의의 가장 큰 취약점이다. 이 문제는 다음 장에서 다시 살펴보기로 한다.

(2) 개인주의

자유주의는 개인의 자유 보장을 사회 운영의 기본 목표로 삼는 주장이므로 개인주의는 자유주의의 기본 입장이다. **개인주의**는 구체적 인간인 개인만이 궁극적인 가치를 갖고 있고, 국가나 조직(단체, 집단), 계급, 이념 등 그 외의 모든 것들은 자체로서의 가치는 없고 오직 개인의 행복을 증진시키는 수단으로서만 가치를 갖는다는 입장이다. 따라서 이런 것들을 위해 개인을 수단시해서 희생시키는 것을 반대한다. 이런 입장에서 자유주의는 집단을 위해 개인은 희생될 수 있다고 보는 **전체주의**totalitarianism(또는 집단주의collectivism)를 반대한다. 한 사람의 목숨보다는 여러 사람의 목숨이 더 중요한 것이 사실이지만, 집단이

---

16 자유주의의 계급적 한계를 잘 보여주는 한 예가 19세기에 영국의 고전적 자유주의자들이 만든 '신구빈법'(the New Poor Law of 1834)이다. 이 법은 실업자들을 집단 작업장에 강제로 수용하고, 일하는 사람보다 일하지 않는 사람이 더 좋은 대우를 받을 수는 없다는 이유로 수용자들을 극히 열악하게 처우하였다. 이 때문에 당시 노동자들은 강제 작업장을 '노동자의 바스티유 감옥'이라고 불렀다.

중요한 것은 집단 자체가 중요해서가 아니라 집단에 속한 사람들이 소중하기 때문이요, 사람들이 소중한 것은 구체적인 개인 한 명 한 명이 소중하기 때문이다.

　개인주의는 집단이나 남이 아니라 자신을 우선적으로 아낀다. 즉 개인주의는 자기중심적인 생활 내지 **자기 사랑**self-love을 당연한 것으로 본다. 자유주의가 개인의 자기중심적인 사고방식을 이처럼 긍정적으로 평가한 것은 인간 역사에서 코페르니쿠스적인 대전환이다. 그 전에는 동서양을 막론하고 남을 위해 자신을 희생하는 이타심이 장려되었고, 자기중심적인 태도는 대부분 비윤리적인 것으로 비난을 받아왔다. 이는 동서양을 막론하고 인류는 오랜 세월 동안 항상 공동체를 이루어 공동으로 생산하고 소비하면서 살아왔기 때문이다. 공동체 생활에서 공동체의 안위를 위협하는 개인주의는 비난을 받지 않을 수 없었다. 그러나 이런 전통적인 윤리관은 자본주의 사회와 부합하지 못한다. 자본주의 경제에서 상공업자들은 혼자 책임을 지며 혼자 힘으로 살아가야 하기 때문에 공동체보다 자신의 이익을 먼저 생각하지 않을 수 없다. 개인주의는 자본주의 경제에서 자신의 책임하에 자신의 힘으로 개인 기업을 운영하며 독립적으로 살아가는 중소 상공인들의 생활관을 반영한 것이다. 이처럼 중세 봉건 사회에서 자본주의 사회로 변함에 따라 사회윤리가 공동체 중심의 윤리에서 개인 중심의 윤리로 변화한 것은, 경제가 변하면 윤리·정치·문화 등 모든 비경제적인 부문들이 따라 변한다는 것을 보여주는 전형적인 예다.

개인주의는 흔히 이기주의와 혼동되어 비난을 받기도 하지만, 이기주의와는 중요한 점에서 다르다. **이기주의**egoism는 타인에게 부당한 피해를 입히는 것에 개의치 않고 자신의 이익만을 추구하는 무분별한 탐욕인 반면, **개인주의**는 자기의 권리와 동등하게 타인의 권리도 존중하여 타인에게 부당한 피해를 주지 않는 범위에서만 자신의 이익을 추구하는 것을 말한다. 로크는 다른 사람의 생명이나 자유, 재산을 손상시키면 안 된다는 것이 **자연법**[17]임을 주장했고, 스미스는 자기중심적인 생활이 당연함을 인정하면서도 인간의 탐욕은 반드시 공정한 법에 의해 제한되어야 함을 역설했으며(이근식, 2006. 3, 77~82쪽), 밀은 타인에게 부당한 피해를 주지 않는 범위 내에서만 자유를 허용해야 함을 자유주의의 원칙으로 강조하였다(Mill, 『자유론』, 247쪽).

고전적 자유주의를 자유방임주의라고도 부르는데, 이 말을 글자 그대로 해석해서 자유주의가 아무런 규칙도 없이 무제한 자유를 허용한다고 생각하는 것은 오해다. 공정한 규칙(법)은 자유주의의 필수 조건이다. 공정한 규칙이 없는 약육강식의 무법천지에서는 아무도 자유로울 수 없기 때문이다. 자유주의에서 말하는 자유는 무제한의 자유가 아니라, 모든 사람에게 똑같이 적용되는 공정한 규칙 안에서의 자유

---

17 로크에 따르면 자연법(natural law)이란 하느님이 만드신 것으로, 사람들이 사회(국가)를 형성해서 살기 전의 상태인 자연 상태에도 존재하던 법이고, 인간의 이성을 통해 알 수 있는 법이며, 그 핵심은 개인의 기본권을 보호하는 것이다. 자연 상태에서는 이의 집행이 개인에게 일임되어 준수되지 않기 때문에, 사람들이 이의 집행을 강제할 수 있는 국가를 만들기로 합의해 국가가 형성되었다는 것이 그의 『통치론』의 요지다. Locke, 이극찬 역, §6.

이다. 스미스의 말처럼 우리의 양심은 종종 우리의 탐욕 앞에서 무력하므로, 다른 사람에게 부당한 피해를 주지 않도록 강제하는 공정한 규칙(법)이 사회를 유지하는 필수 요건이다(Smith, 『도덕감정론』, 340쪽). 공정한 질서가 없는 무법천지에서는 아무도 자유로울 수 없으므로 자유는 언제나 공정한 질서를 전제로 한다. 로크가 말한 바와 같이, "법이 없으면 자유도 없다"(Locke, 이극찬 역, 71쪽).

이런 의미에서 오위켄Walter Eucken으로 대표되는, 제2차 세계대전 직후 서독에서 탄생한 질서자유주의[18]만이 아니라, 모든 자유주의가 질서자유주의다. 공정한 법(규칙)과 이를 준수하는 준법정신은 자유주의의 필수 요건이다. 이런 의미에서 법의 공정한 내용과 공정한 집행을 의미하는 법치주의는 자유주의의 원리이자 동시에 이를 실현하는 사회질서이다. 법치주의가 없는 곳에서는 아무도 자유로울 수 없다.

(3) 독립심과 자기 책임

남에게 의존하지 않고 자신의 생활을 자기 힘으로 해결하는 **독립심**은 개인주의에 입각한 자유주의의 귀중한 덕목이다. **자기 책임의 원리**는 개인주의의 사고방식이다. 자유주의는 개인 생활에 국가나 타인이 간섭하는 것도 반대하지만, 반대로 국가나 타인의 지원도 바라지 않

---

18 서독의 질서자유주의에 대해서는 이근식의 『서독의 질서자유주의: 오위켄과 뢰프케』(기파랑, 2007) 참조.

으며, 각자 자기 권리와 책임하에 독립해서 살아가는 것이 옳다고 본다. 경제생활에서의 독립 정신이 **자립심**이다. 자기와 자기 가족의 생계는 국가나 친척 그 누구의 도움도 받지 않고 스스로 해결하는 것이 자유주의의 기본 원칙이다. 또한 개인 독립성의 원칙에서 보면, 그것이 좋은 것이든 나쁜 것이든 자신이 행동한 결과를 자신이 감당하는 것이 당연하다. 자신이 노력해서 이루어 낸 성과를 자신이 향유하는 이 원칙에서 **사유재산제도의 정당성**이 도출된다. 사유재산은 자신의 노력과 자신이 가진 재산으로부터 얻은 것이기 때문이다. 동시에 자신의 잘못으로 인한 손해는 자기 혼자 책임져야 한다. 이런 독립과 자립의 태도는 자본주의 사회에서 각자 자기 노력과 자기 책임을 다해 독립적으로 사업을 하며 살아가는 부르주아의 생활 방식을 반영한다.

이런 독립과 자립의 원칙은 이웃에 대한 배려를 소홀히 하게 해서 인간소외를 낳는다는 폐단이 있다. 그러나 독립과 자립 정신은 근대 시민사회의 발전을 낳는 초석이 되었다. 경제적 자립심은 근대 자본주의 경제발전의 동력이 되었다. 개인들로 하여금 타인이나 국가의 지원을 바라지 않고 자립적으로 열심히 일하고 저축하도록 만들었기 때문이다. 또한 정치적 독립 정신은 정치적으로 민주주의가 발전하는 데 초석이 되었다. 정치적으로 그 누구의 지배도 받지 않고 스스로 다스리겠다는 정치적 독립심이 민주주의를 만들었기 때문이다.

사회생활에서 개인의 독립심과 자립심은 체제에 상관없이 모든 사회의 건강과 발전을 위한 필수 조건일 것이다. 독립심과 자립심이 있어야 국민들이 각자 최선의 노력을 기울여 자신의 책임을 다하기 때문이다. 반면에 독립심과 자립심이 없으면 스스로 노력하고 자기 책임을 다하기보다는 다른 사람이나 국가의 지원을 바라는 의타심이 생기고, 의타심은 나태와 불만과 분쟁을 낳기 쉽다.

현재 우리 사회에 크게 결여된 것 중의 하나가 자립심이다. 오늘날 우리나라의 현실을 보면 예술협회장, 협동조합 이사장, 학교장, 노동자, 농민, 식당 주인, 화물차 주인 할 것 없이 모두가 국가의 지원을 당당하게 요구한다. 언론은 물론 지식인들도 무슨 문제만 생기면 정부는 무엇 하고 있느냐고 정부를 비난하고, 또 정부는 모든 문제가 자신들의 책임이고 자신들이 모든 문제를 해결할 수 있는 것처럼 말한다. 그러나 자기 일은 자기가 해결함이 원칙이다. 정부의 지원을 요구하는 것은 다른 국민들이 낸 세금을 자신에게 무료로 달라는 것이므로, 다른 국민들의 돈을 자기에게 달라고 하는 것과 같다. 아무도 다른 사람에게 돈을 그냥 달라고 당당히 요구할 권리는 없다. 우리 국민들이 이런 의타심을 버려야 우리 사회가 한 단계 발전할 것이다.

(4) 사상과 비판의 자유

생각에서 행동이 나오기 때문에 생각의 자유가 가장 중요한 자유이다. 자유 중에서 가장 먼저 투쟁의 대상이 된 것은 종교개혁과 그로부터 촉발된 종교 전쟁에서 나타난 **신앙과 양심의 자유**다. 인간의 신앙과 양심은 어떤 권력으로도 강제할 수 없다는 생각에서 신교도들은 가톨

릭권력과 투쟁을 벌여 신앙과 양심의 자유를 쟁취하였다. 이는 사상의 자유로 확대되었다.

생각은 발표될 때 비로소 사회적 의의를 가지므로, 생각의 자유는 생각을 표현하는 **언론과 출판의 자유**를 포함한다. 언론과 출판의 자유는 토론(비판)의 자유를 포함하는데, 자유주의자들은 이 **비판의 자유**를 매우 중시하였다. **비판의 자유가 중요한 것은, 그것이 인간의 잘못을 예방하고 시정하기 때문이다.** 모든 인간은 인식과 윤리 면에서 불완전하므로 사람은 누구나 잘못을 저지를 수 있다. 이러한 인간의 잘못을 바로잡는 유일한 방법이 자유로운 비판이다. 권력자의 횡포를 제어하는 것도, 잘못된 생각(이론, 주장 등)을 바로잡는 것도 모두 비판의 자유에서 비롯된다. 밀이 지적한 바와 같이, 인간이 저지르는 실수를 예방하거나 시정할 수 있는 것은 자유로운 비판과 토론 덕분이다.

> "인간은 토론과 경험에 힘입어 자신의 과오를 고칠 수 있다. 경험만으로는 부족하다. 과거의 경험을 올바르게 해석하자면 토론이 반드시 있어야 한다. 잘못된 생각과 관행은 사실과 논쟁 앞에서 점차 그 힘을 잃어버린다."
>
> Mill, 『자유론』, 261쪽

특히 권력에 대한 비판이 사회가 발전하는 데 결정적으로 중요하다. 극소수의 예외가 있기는 하지만, 권력자들도 모두 이기적인 불완전한 인간이기 때문에 공개적인 비판이 없으면 권력은 반드시 부패한다. '절대권력은 절대 부패한다'. 그러므로 사회의 번영과 발전을 결정하는 것은 정치체제가 민주주의냐 아니냐의 여부이기보다, 권력에 대한 자유로운 비판이 가능하냐의 여부이다. 민주주의가 아니더라도 권력자에 대한 자유로운 비판이 이루어지는 국가는 융성하고, 민주주의 국가라도 비판의 자유가 없으면 몰락의 길을 걷는다고 볼 수 있다. 예를 들어 민주주의 국가가 아니라 절대군주 국가였던 조선의 경우, 상소라는 비판제도가 실제로 제 기능을 발휘하던 조선 초기에는 경제와 문화가 모두 융성하였으나, 미련한 왕과 고약한 권문 세도가들에 의해 공개적 비판이 압살당했던 조선 중기 이후에는 조정이 부패함으로써 백성의 살림이 도탄에 빠져 결국은 망국의 길을 걷게 되었다. 소련과 동구 사회주의 국가들이 패망한 주요인도 비판의 자유가 없어서 권력이 부패한 탓이었다고 생각된다. 비판의 자유가 없으면 정치체제에 상관없이 권력이 부패해 사회가 쇠망한다는 사실은 동서고금의 진리일 것이다.

비판은 과오의 시정과 예방이라는 소극적 기능만 아니라 발전의 원동력이라는 적극적 기능도 수행한다. 개인, 집단, 사회, 학문 등 모든 것의 발전은 기존 현실에 대한 비판, 즉 현실의 문제점의 발견과 지적으로부터 시작된다. 근대 서양에서 과학이 비약적으로 발전할 수 있었던 가장 큰 이유는 토론회나 학술 잡지 같은 공개 토론의 장이 제도적으로 정착했다는 것이라고 생각된다. 현대 자유주의 철학자 포퍼Karl Popper의 **비판적 합리주의**critical rationalism가 주장하는 바와 같이, 인간이 지닌 인식에서의 불완전성 때문에 인간은 항상 잘못을 범할 가능성을 갖고 있다. 그리고 진리 그 자체는 영원히 알 수 없는 것이지만, 끊임 없는 비판을 통해 오류 가능성을 조금씩 극복함으로써 진리에 점진적 으로 접근해 갈 수 있을 것이다(Popper, 이한구·이명현 역, 2권, 304쪽)

(5) 관용

비판의 자유는 **관용**tolerance과 동전의 양면을 이룬다. 다른 사람들 의 생각과 행동이 나와 다를 수 있음을 인정하는 관용을 서로 갖고 있 어야 자유로운 비판이 가능하기 때문이다. 뿐만 아니라 사람마다 종 교나 가치관이 다르므로 자기와 다른 종교나 가치관을 인정하는 관용 은 평화로운 사회를 만들기 위한 필수 조건이다. **화이부동**和而不同이라 는 공자의 말씀도 관용과 동일한 뜻일 것이다.[19]

사람들의 생각과 재주는 서로 다르기 때문에 혼자가 아니라 수많은 사람들이 함께 사는 것이 모두에게 유익하다. 하이에크가 말한 바와 같이 위대한 사회에서는 개인들의 목표가 서로 '상이함에도 불구하 고'가 아니라, '상이하기 때문에' 구성원들이 서로 이익을 얻으면서 함께 살아갈 수 있다(Hayek, LLL2, 110쪽). 현대 미국의 대표적 자유주의 철학자인 롤즈John Rawls도 다양한 가치관을 인정하는 관용을 그의 **정 치적 자유주의**의 핵심으로 삼았다.[20] 그에 따르면 관용의 정신은 종교

---

19 『논어』, 「자로편」. "君子 和而不同, 小人 同而不和."

개혁 이후 16~17세기에 유럽에서 신교와 구교 간에 발생했던 종교 전쟁의 쓰라린 경험을 통해 체득된 종교적 관용에서 시작되었다. 관용의 다른 표현은 **다원주의**pluralism이다.[21] 관용이 실현되기 위해서는 관용의 정신을 갖추고 타인의 가치관과 병존할 수 있음을 인정하는 다원주의를 수용해야 한다. 왈쩌Michael Walzer의 말대로, 자유주의 사회는 민주주의와 함께 관용의 정신을 인정하는 집단으로만 구성되어야 할 것이다(Walzer, 1990, 16쪽).

원래 자유는 원하지 않는 속박으로부터의 자유liberty from였다. 그러나 자유를 적극적으로 해석해서 자신이 바라는 바를 이룰 수 있는 자유liberty for를 주장하기도 한다. 20세기의 대표적인 자유주의 철학자

---

20 롤즈는 정치적 자유주의(political liberalism)와 포괄적 자유주의(comprehensive liberalism)를 구분하였다. 포괄적 교리(doctrine)란 공리주의나 평등주의같이, 인생과 사회에 관한 윤리관을 말한다. 포괄적 자유주의도 이 중의 하나로 개인의 자율성(autonomy)과 개인성(individuality)을 가장 중요한 가치로 보는 관점이며, 칸트와 밀이 이에 속한다. 반면에 롤즈의 정치적 자유주의는 서로 핍박하지 않는 한, 이런 다양한 교리들을 모두 인정해서 병존토록 하자는 주장이다. 롤즈에 따르면 정치적 자유주의가 민주주의 사회의 기본 원리 중 하나이며, 민주주의 사회에서 정치적 자유주의는 모든 구성원에게 요구되어야 하지만, 포괄적 자유주의는 개인의 문제이므로 요구될 수 없다. Rawls, 장동진 역, xxx~xxxi.

21 19세기 중반, 칼 마르크스가 영국 런던에 망명해 살면서 독일의 노동자들에게 편지와 책으로 사회주의사상을 선동하고 있을 때의 일이다. 독일 경찰은 마르크스의 선동 행동을 금지하기 위해 영국 경찰에게 마르크스를 체포해서 넘겨 달라고 공식으로 요청하였다. 그러나 이에 대해 영국 경찰은 마르크스가 법법 행위를 하지 않았으므로 체포할 수 없다고 거절하였다. 당시 영국 법으로는 출판이나 강연은 범법 행위가 아니었기 때문이다. 150년 전의 영국보다 현재의 우리나라에서 관용과 사상의 자유가 더 부족한 것 같다.

벌린Isaiah Berlin은 전자를 **소극적 자유**negative freedom, 후자를 **적극적 자유**positive freedom라고 불렀다. 원래의 자유주의는 소극적 자유를 쟁취하는 것을 목표로 삼았으며, 소극적 자유만이 관용과 양립할 수 있다. 반면에 적극적 자유는 관용과 양립하기 힘들다. 벌린의 말대로, 사회주의나 민족주의, 전체주의 같은 사상들은 모두 경제적인 평등, 민족정신, 사회 전체의 복지 같은 적극적인 자유를 주장하며, 이는 가치의 다양성을 인정하지 않는, 관용이 없는 억압적인 주장이라고 볼 수 있다(Berlin, 1969). 이런 점에서 자유주의가 주장하는 자유는 적극적인 자유가 아니라 소극적인 자유다.

사람은 누구나 열린 마음이 있을 때만 건설적인 비판을 하고 관용을 베풀 수 있다. **열린 마음**open mind이란 밀의 말처럼 자신의 생각도 틀릴 수 있음을 인정하고 다른 사람의 말, 특히 자신의 생각과 다른 말을 경청하는 자세를 말한다. 요즘 인터넷 댓글에서 흔히 볼 수 있는 것처럼 다른 사람을 비방하는 것은 증오만 낳고 자신의 인성도 황폐하게 만들 뿐이다.

"어떤 사람의 판단이 참으로 신뢰할 만한 가치가 있다고 보이는 경우, 대체 어떻게 해서 그렇게 된 것일까? 그것은 항상 그가 허심탄회하게, 즉 마음의 문을 활짝 열어 놓고 그의 의견이나 행위에 대한 비판을 자유롭게 받아들였기 때문이다."

Mill, 『자유론』, 262쪽

5

자유주의의 진보성과 반동성

자유주의의 의미가 다양하다 보니 자유주의는 등장 이래 끊임없이 논쟁의 대상이 되어 왔다. 자유주의에 대한 대표적 논쟁은 자유주의의 진보성과 수구성(반동성)에 관한 것이다. 한편에서는 자유주의를 진보적 이념으로 파악해서 지지하는 반면, 다른 한편에서는 자유주의를 부르주아지의 반동적 이념이라고 거세게 비판하고 있다. 이는 자유주의 자체가 진보성과 반동성을 모두 갖고 있기 때문이다. 이를 **자유주의의 양면성**(이중성)이라고 부를 수 있을 것이다.

자유주의의 반동성은 주로 자유주의의 계급적 한계에서 비롯된다. 자유주의 주도 세력을 시민, 중간층middle class, 부르주아지 등 여러 이름으로 부르지만, 이들은 중소 상공인 또는 중소 자본가로서 유산 계급이다. 이러한 계급적 한계가 자유주의자들의 생각에서 분명하게 나타났다. 17세기 영국의 대표적인 자유주의자였던 로크는, 정복자가 사람의 생명은 빼앗을 수 있으나 재산은 빼앗을 수 없다고 주장했으며(Locke, 이극찬 역, 165쪽), 18세기 프랑스의 자유주의자 볼테르는 "빈민을 위한 교육은 노동자의 버릇을 망친다"고 반대하였다. 또 18세기 프랑스의 계몽주의자이자 백과전서파였던 디드로Denis Diderot(1713~1784)와 엘베시우스Claude Adrien Helvètius(1715~1771)는 "유산자만 시민으로 인정해야 한다"고 주장했으며, 독일의 칸트도 "불평등은 효율성을 위한 필요악"이라고 보았다(Arblaster, 190쪽).

이러한 계급적 입장의 한계는 혁명에 성공한 뒤에 집권한 부르주아 정부의 정책에서 분명하게 나타났다. 시민혁명 후에 영국과 프랑스에서 모두 공화정이 무너지고 왕정이 부활한 것은[22] 부르주아들이 빈민층의 사회혁명을 두려워해서 왕정의 복귀를 원했기 때문이다. 네덜란드와 영국, 프랑스, 그리고 미국에서 시민혁명이 성공한 다음에 등장한 민주 정부들은 한결같이 부르주아지의 계급적 입장을 반영한 정책들을 실시하였다. 재산이 있어야만 책임의식이 있는 시민이 될 수 있다는 명분으로 이들 나라들은 모두 선거권을 유산자에게만 부여하였다. 이들은 사유재산제도를 보장하는 것을 법치주의의 가장 중요한

---

22 영국에서는 1649년 찰스 1세가 처형된 뒤에 공화국이 되었으나 크롬웰이 사망한 후 1660년에 찰스 2세가 즉위하면서 왕정이 복구되었다가 명예혁명으로 쫓겨났으며, 프랑스에서는 대혁명 이후 나폴레옹의 제정에 이어 부르봉가의 루이 18세와 샤를 10세가 즉위하였다.

내용으로 보고, 이를 위해 민법을 개정하고 사유재산제도를 확립하였다. 또한 부르주아 정부들은 절도 등 재산 범죄를 가혹한 형벌로 다스렸다. 18세기 영국에서는 주인집에 방화한 열한 살의 소년, 1실링을 훔친 남자, 손수건을 훔친 소녀가 교수형에 처해진 일도 있었으며, 수많은 죄인이 해외 유형에 처해졌다. 18세기의 영국 정부는 가혹한 형벌을 이용한 공포를 계급 갈등에 대처하는 수단으로 사용했던 것 같다(Arblaster, 170쪽). 부르주아 정부들은 노동조합을 금지하고 노동운동을 잔인하게 탄압했으며, 지속적으로 저임금정책을 펴고, 사회보장제도를 최소한으로 유지했으며, 빈민들을 위한 공공 교육은 거의 시행하지 않았다. 이들에 따르면 빈곤은 태만과 무절제 탓이며, 가난해야만 열심히 일하므로 근면을 위해서는 빈곤이 필요하다는 것이다(Laski, 259쪽). 반면에 자유로운 영업을 방해하는 가격 규제나 매매 규제 같은 중상주의의 경제 규제들은 모두 철폐되었다.

이러한 계급적 한계에도 불구하고 자유주의와 시민혁명은 역사발전에 크게 기여했다고 말하지 않을 수 없다. 우선 시민혁명이 절대군주제를 무너뜨리고 부르주아지의 민주 정부를 세웠다는 것은 비록 그것이 가난한 대중의 입장을 대변한 것은 아니라고 하더라도 역사의 발전이었음을 부인할 수 없을 것이다. 또한 근로자나 도시 빈민 같은 가난한 민중이 시민혁명 덕분에 과거보다 다소 더 많은 자유와 평등을 누리게 된 것도 사실이다. 언론과 출판의 자유가 확대되었고, 신분에 의한 사회적 차별이 축소되었기 때문이다. 자유주의는 자유와 평등, 인권의 존엄성 등과 같은 근대적 가치의 이념을 널리 보급시켰을 뿐만 아니라, 민주주의와 법치주의라는 근대적 사회제도를 정착시킴으로써 인류 사회를 과거 전근대적인 사회에서 근대 시민사회로 질적으로 발전시켰다는 점에서 역사 발전에 가장 크게 기여한 사상이라고 생각된다. 무엇보다도, 모든 인간은 평등하므로 인간이 인간을 지배하거나 차별해서는 안 된다는 자유주의의 만인평등사상이 이 세상을 얼마나 변하게 했는가를 생각해 보면 자유주의의 진보성을 분명히 알 수 있다. 모든 개인은 사회적으로 평등한 권리와 존엄성을 갖고 있다는 자유주의의 기본 관점은 근대 이후 인류 사회를 진보시켜 온 힘찬 동력이다.

6

정치적 자유주의와 경제적 자유주의

앞에서 살펴본 것처럼 자유주의는 진보성과 반동성을 모두 갖고 있다. 이 때문에 자유주의를 지지하는 사람도 있고 비판하거나 반대하는 사람도 있다. 이 때문에 자유주의가 과연 무엇인지 알기 힘든 혼란이 발생한다. 이런 혼란은 자유주의를 정치적 자유주의와 경제적 자유주의로 구분함으로써 해결할 수 있다. 먼저 자유주의를 윤리적 자유주의, 정치적 자유주의, 경제적 자유주의의 셋으로 구분해 보자.

세 가지 자유주의 중에서 윤리적(철학적) 자유주의는 자율성(자유 의지)과 개인성이라는 윤리적 가치를 최우선으로 여기는 가치관 내지 인생관을 말한다. 롤즈가 포괄적 자유주의라고 부른 것이 이에 해당한다. 롤즈가 말한 바와 같이, 칸트와 밀이 여기에 속한다고 볼 수 있다 (Rawls, 장동진 역, 37·78쪽). 그러나 가치관은 개인의 선택에 맡겨야 할 문제이므로, 사회적으로 문제가 되는 것은 정치적 자유주의와 경제적 자유주의 둘 뿐이다. 이 둘을 보자.

앞에서 본 바와 같이 원래 자유주의는 근대 유럽에서 르네상스와 종교개혁, 시민혁명의 과정을 통하여 부르주아들에 의해 등장하고 발전하였다. 이들은 신분 차별의 철폐와 만인의 사회적 평등, 종교와 사상 및 언론의 자유, 집회와 결사의 자유, 사유재산권을 포함한 인권의 보장, 그리고 관용을 주장했으며, 이런 자유를 보장하는 민주주의와 법치주의를 주장하였다. 이런 내용은 모두 정치적 자유로 포괄될 수 있으므로 이런 주장을 **정치적 자유주의**political liberalism[23]라고 부를 수 있다. 즉 인간의 불완전성의 인정, 개인주의, 기본 인권 보장, 만인평등, 사상과 비판의 자유, 관용 중시 등이 모두 정치적 자유주의의 원리들이다.

종교개혁과 시민혁명에 성공함으로써 정치적 자유를 쟁취한 부르주아들은 한 걸음 더 나아가 경제 활동에서의 자유도 주장하였다. 시민혁명이 성공하기 전 대략 16세기에서 18세기까지 서구에서 나타났던 중상주의 경제정책은 정부의 비호를 받는 대상공인들에게는 유리

---

23 롤즈도 정치적 자유주의라는 말을 사용했는데, 롤즈는 다양한 가치관을 인정하는 관용을 정치적 자유주의의 핵심 내용으로 강조했으므로 여기서 말하는 정치적 자유주의와는 다른 의미다. Rawls, 장동진 역, 1997.

했으나 그렇지 못한 중소 상공인들에게는 불리하게 작용하였다. 그리하여 중소 상공인들은 정부의 경제 규제를 철폐함으로써 누구나 자유롭게 장사할 수 있는 자유방임의 경제를 원하게 되었다. 경제 활동의 자유를 주장하는 이런 주장을 **경제적 자유주의**economic liberalism라고 부를 수 있다. 그리고 경제적 자유주의의 경제정책을 **자유방임주의** laissez-faire doctrine라고 부른다. 즉, 정부는 법질서만 확립하고 경제는 기본적으로 민간의 자유 활동에 맡기라는 경제정책이 자유방임주의다. 여기서 기본적이라는 말을 붙인 이유는 자유방임주의자들도 필수적인 최소한의 공공복지제도와 공공시설의 건설, 의무교육 같은 경제에서의 최소한의 정부 역할은 인정하기 때문이다.[24] 애덤 스미스는 이 경제적 자유주의의 대변자였다. 시민혁명이 성공한 이후 구미에서는 중소 상공인들이 정치의 주도권을 잡음에 따라 중상주의가 몰락하고 자유방임주의 경제정책이 전반적으로 실시되었다. 서양에서 19세기는 경제적 자유주의의 전성 시대였다.

16세기에서 19세기 전반까지의 고전적 자유주의는 정치적 자유주의와 경제적 자유주의를 합한 것이었다. 그러나 19세기 후반부터 빈

---

24 자유방임주의의 시조인 애덤 스미스도 도로와 항만 같은 필수적인 공공시설의 건설, 서민 자녀들을 위한 기초 교육, 예금자 보호를 위한 은행 감독의 역할은 정부가 담당해야 한다고 보았으며, 현대의 자유방임주의자들인 하이에크와 프리드먼(Milton Friedman, 1912~ 2006), 뷰캐넌(James Buchanan, 1919~)도 모두 이에 더하여 필수적인 공공복지제도의 필요성을 인정하였다.

부격차와 불황 같은 시장의 실패 내지 자본주의의 실패가 분명히 인식되면서 경제적 자유주의에 대한 지지가 약화되거나 비판을 받음으로써 사회적 자유주의, 질서자유주의, 복지국가 자유주의 등 고전적 자유주의를 비판하는 다른 자유주의가 등장하기 시작하였다.[25]

정치적 자유주의는 보편타당성을 인정받고 있다. 신분 차별의 철폐와 만인의 사회적 평등, 개인 인권의 절대적 보장, 건전한 개인주의, 민주주의와 법치주의를 통한 정치권력(국가권력)의 제한, 사상·종교·출판의 자유, 관용의 중시 등과 같은 정치적 자유주의의 기본 원리들에 대해서는 모든 자유주의자들이 동의한다. 다수의 횡포나 의회의 타락과 같은 민주주의의 심각한 문제점이 지적되지만, 정치적 자유주의의 기본 원리와 질서들에 대해서는 어느 자유주의자도 근본적인 의문을 제기하지 않았다고 볼 수 있다. 특히 모든 개인은 사회적으로 평등한 권리와 존엄성을 갖고 있다는 정치적 자유주의의 기본 관점은 항상 역사를 진보시키는 힘찬 생명력을 지니고 있다. 19세기 이후 구미에서 선거권과 노동자들의 권익 보호, 공공복지제도가 계속 확대되어 온 것은 모두 만인평등이라는 정치적 자유주의의 기본 원리가 실현되어 온 것이라고 평가할 수 있다. 법치주의와 민주주의라는 정치적 자유주의가 주장하는 제도가 다수의 횡포라는 문제점을 갖고 있지만, 현실적으로 최선의 제도라는 데에도 별로 이견이 없다. 이처럼 정

---

25 사회적 자유주의, 질서자유주의 및 복지국가 자유주의 등 자본주의 경제정책의 변화에 관해서는 이근식(2005)의 3장 참조.

치적 자유주의는 보편타당성과 진보성을 모두 갖고 있다.

반면에 경제적 자유주의에 대해서는 19세기 후반 이래 끊임없는 논란이 있어 왔다. 경제적 자유주의에 대해 논란이 분분한 것은 자본주의 경제가 경제발전을 이룩하고 자유로운 사회와 문화를 배태한다는 장점도 갖고 있지만, 동시에 **시장의 실패**(분배 편중, 불황과 실업, 독과점화, 외부 효과, 공공재의 부족 등)와 **자본주의의 실패**[26]라는 구조적인 문제를 지니고 있기 때문이다. 앞에서 본 자유주의의 수구성에 대한 비판도 모두 경제적 자유주의에 대한 비판이다. 이 때문에 역사적으로도 자본주의가 성립된 이래 경제정책은 항상 개입주의와 자유방임주의를 교차해 왔다.[27] 자유주의의 반동성도 정치적 자유주의와는 상관없고, 모두 경제적 자유주의 때문에 발생한다. **자유주의의 반동성**은 다름 아니라 자유방임의 자본주의 경제를 옹호함으로써, 분배의 편중과 빈곤의 발생이라는 자본주의 경제의 폐해를 용인하고, 이를 시정하기 위한 국가의 적극적인 재분배정책을 반대하는 입장을 말하기 때문이다.

---

26 시장의 실패는 경제적인 면에서만 나타나는 자본주의의 병폐를 말하는데, 여기에 더하여 인간의 소외와 윤리의 타락, 전쟁 유발 등 비경제적인 면에서 나타나는 자본주의의 병폐까지 더한 것을 자본주의의 실패라고 부를 수 있을 것이다.

27 자본주의 경제가 등장한 이래 서양의 경제정책을 보면, 16세기에서 18세기까지는 중상주의라는 개입주의 경제정책이, 19세기에는 자유방임주의 경제정책이, 1930년대 이후부터 1970년대까지는 개입주의 경제정책이, 1980년대 이후에는 신자유주의라는 자유방임주의 경제정책이 지배해 오고 있다. 이에 대한 자세한 논의는 이근식(2005. 11)의 3장 참조.

경제적 자유주의의 이러한 한계 때문에 정치적 자유주의를 지지하는 사람들도 경제적 자유주의에 대해서는 찬성과 반대의 두 입장으로 나누어진다. 시장과 자본주의의 성공을 상대적으로 더 신뢰하는 사람들은 경제적 자유주의를 지지하는 데 비해, 시장과 자본주의의 실패를 더 중시하는 사람들은 경제적 자유주의를 반대하고 이를 시정하기 위한 정부의 적극적인 경제 개입을 지지한다.

이처럼 자유주의가 둘로 나누어진 것은 19세기 말에 사회적 자유주의가 등장하면서부터다. 이 시기에 자유의 주된 적敵은 빈곤이라는 생각이 나타나면서 정부가 적극적인 재분배정책을 통해 빈곤을 해결해야 한다고 주장하는 **사회적 자유주의**social liberalism가 영국에서 등장하였다.[28] 원래 고전적 자유주의자들은 빈곤으로부터의 자유를 고려하지 않았다. 고전적 자유주의자들은 중소 상공인들이었으며, 부유한 이들은 개인주의적인 시각에서 빈곤은 전적으로 개인이 해결해야 할 문제라고 보았다. 이들이 보기에 가난의 원인은 개인의 무능과 나태이므로, 빈곤은 개인적 문제이지 사회적 문제가 아니었다. 고전적 자유주의자들이 보기에는 자유의 주된 적은 빈곤이 아니라 개인의 자유를 억압하는 왕과 그 부하들이었다. 이들은 이에 저항하여 시민혁명을 일으킴으로써 민주주의를 확립하였다. 17세기 후반 영국에서 시민혁명이 성공한 이후 민주주의가 확립됨에 따라 정치 권력자들에 의한

---

28 사회적 자유주의에 대해서는 이근식(2005, 11)의 154~158쪽을 참조하라.

억압과 횡포는 거의 사라지고 정부는 오히려 국민의 복지를 위해 일할 수 있는 수단으로 인식되었다. 반면에 자본주의 경제가 발전함에 따라 경제 전체는 크게 발달했으나 빈부의 격차는 더욱 벌어져서 많은 사람이 빈곤을 벗어나지 못한 채 고통을 받았다. 이런 사회 변화를 배경으로 자유의 주된 적은 빈곤이며, 이는 정부의 재분배정책을 통해 해결할 수 있다는 생각이 등장한 것이다. 빈곤은 개인의 문제가 아니라 사회의 문제이므로 빈곤으로부터의 자유를 정부가 책임져야 한다고 이들은 보았다.

사회적 자유주의는 19세기 말과 20세기 초에 영미에서 널리 공감을 얻었다. 그 결과로 자유주의는 **진보적 자유주의**progressive liberalism라는 말과 혼용되고, 나아가 진보주의라는 말과 같은 의미로 사용되는 경우가 많아졌다. 오늘날 영미에서 **리버럴리즘**liberalism이라는 말이 자유주의와 진보주의의 두 가지 의미로 혼용되는 것은 이 때문이다. 이러한 진보적 자유주의에 반대하여 고전적 자유주의로 돌아갈 것을 주장하는 **자유지상주의**libertarianism가 제2차 세계대전 이후 영미를 중심으로 구미에 등장하였다. 이 사상은 재산권을 포함한 개인의 권리 및 자유와 책임을 최우선시하고, 정부의 적극적인 경제 개입을 반대함으로써 다시 작은 정부와 자유방임주의 경제정책으로 복귀할 것을 주장한다. 자유지상주의는 고전적 자유주의처럼 정치적 자유주의와 경제적 자유주의 둘을 모두 주장한다. 자유지상주의는 현대에 부활한 고전적 자유주의다. 이들은 자유주의와 구분하기 위해 자신들의 주장을 자유지상주의라고 부르고 있다. 하이에크, 프리드먼, 뷰캐넌 등 현대의 신자유주의자들이 자유지상주의자들이다. 이들도 고전적 자유주의자들처럼 자유방임의 경제정책을 주장한다.

이처럼 현대의 자유주의는 진보적 자유주의와 자유지상주의의 두 가지 자유주의로 나누어진다. **진보적 자유주의**란 정치적 자유주의와 자본주의 경제를 기본적으로 지지하면서도 시장의 실패(특히 빈부격차)를 완화하기 위해 정부의 적극적인 경제 개입을 지지하는 입장으로, 구미 복지국가의 기초가 되는 생각이다. 반면에 **자유지상주의**는 정치적 자유주의만이 아니라 경제적 자유주의도 지지하여 정부의 적극적인 경제 개입을 반대하고, 개인의 사유재산을 엄격히 보호할 것을 주장한다. 제2차 세계대전 후 현대의 자유주의는 이처럼 둘로 나누어져 있다.

경제정책 면에서 보면 진보적 자유주의자들은 정부의 적극적인 경제 개입을 지지하므로 **개입주의자**라고 부를 수 있고, 자유지상주의자들은 **자유방임주의자**라고 부를 수 있다. 그러나 자유지상주의자들도 모두 필수적인 공공복지제도와 최소한의 정부 규제는 인정하므로, 개입주의자들은 정부의 '적극적인' 경제 개입을, 자유방임주의자들은 정부의 '소극적인' 경제 개입을 지지한다고 말할 수 있다.

자유주의가 근대 서구에 등장한 이래 정치적 자유주의의 기본 내용은 한 번도 바뀐 적이 없고, 자유주의자 안에서 근본적인 비판을 받은 적도 없다. 반면에 경제적 자유주의는 19세기 후반 이래 항상 논란의 대상이 되어 왔으며, 자유주의자들 중에서도 이를 비판하는 사람이 적지 않다. 논란의 대상이 되는 것을 기준으로 삼을 수는 없으므로, 자유주의자냐 아니냐는 경제적 자유주의가 아니라 정치적 자유주의를 지지하느냐를 기준으로 판단해야 할 것이다. 따라서 별도의 언급이 없는 한 앞으로 여기에서는 자유주의와 협의의 자유주의, 정치적 자유주의 셋을 모두 같은 의미로 사용하기로 한다. 우리가 그대로 받아들일 수 있는 것은 보편적 진보성이 있는 정치적 자유주의다. 반면에 경제적 자유주의는 시대 상황을 고려해 가며 신축성 있게 비판적으로 접근해야 할 것이다.

현재의 선진국들을 보아도 100퍼센트의 자유방임 자본주의 경제를 채택하고 있는 나라는 하나도 없다. 정도는 다르나 모두 자본주의의 실패를 완화하기 위해, 시장경제와 사유재산제도라는 자본주의 경제의 두 기본 제도를 부분적으로 제한하고 있다. 예를 들어서 누진적인 상속세와 소득세, 그리고 토지 이용 규제는 사유재산제도를 부분적으로 제한하는 것이요, 독과점 규제와 가격 규제 등은 시장경제를 제한하는 제도이다. 신자유주의자들도 정부의 경제 개입을 전면 반대하지는 않고, 다만 최대한도로 축소할 것을 주장하고 있다. 우리나라를 비롯하여 모든 자본주의 국가가 자본주의를 기본으로 삼지만 부분적으로는 모두 정부의 경제 개입을 시행하고 있다. 즉 현실의 자본주의 국가들은 모두 자본주의 요소가 더 많지만 정부 부문이라는 사회주의 부문[29]도 일부 존재하는 **혼합경제**mixed economy이다. 반면에 정치적 자유주의가 주장하는 민주주의와 법치주의는 모든 자유민주주의 국가들이 채택하고 있다.

---

29 어느 나라에나 존재하는 정부 부문이 사회주의 경제 부문이다. 정부 부문은 공동 소유, 계획 경제, 공동 생산, 공동 소비라는 사회주의적 방식으로 운영되기 때문이다.

2장

평등과 평등분배

I

세 가지 평등

자유와 평등은 서로 갈등한다는 생각이 널리 퍼져 있다. 그러나 평등을 어떤 의미로 사용하느냐에 따라서 평등은 자유와 조화를 이루기도 하고 갈등하기도 한다. 평등의 의미를 본원적 평등과 사회적 평등, 경제적 평등의 세 가지로 나누어 봄으로써 이를 분명히 알 수 있다. 본원적 평등은 자유가 도출되는 근거이며, 사회적 평등은 현실에서 자유를 실현하는 필수 조건이다. 세 가지 평등 중에서 경제적 평등만이 자유와 갈등 관계에 있다.

1장에서 설명한 것처럼 자유는 개인의 사회적 자유를 의미한다. 즉 다른 사람에게 부당한 피해를 주지 않는 범위 내에서 사람들이 갖는 생각과 표현의 자유, 행동의 자유 및 단체 행동의 자유를 말한다. 이처럼 자유는 대개 한 가지 의미인 반면 평등은 본원적 평등, 사회적 평등, 경제적 평등의 세 가지 의미로 나누어 고찰할 수 있다.

본원적 평등basic equality이란 모든 사람은 궁극적인 인격에서 완전히 동등하며, 또한 그 누구도 침범할 수 없는 동등한 기본권을 갖고 있다는 점에서 완전히 평등하다는 말이다. 앞의 1장에서 본 자유주의의 핵심 내용인 만인평등사상이 바로 본원적 평등이다. 이는 모든 개인은 똑같은 인간으로서 동등한 인격과 권리, 존엄성을 갖고 있으므로 동등하게 존중받아야 하며, 아무도 다른 사람을 차별하거나 억압할 수 없음을 말한다.

본원적 평등은 두 가지 의미에서 본원적이다. 첫째는 이 명제는 우리가 사회 문제의 옳고 그름을 평가할 때 궁극적 기준이 된다. 둘째는 우리가 법과 같은 제도를 만들 때 이 명제를 명시적으로 또는 암묵적으로 궁극적 기준으로 삼는다.

이런 만인평등사상은 그 전에는 없던 근대의 산물이며 **근대성의 핵심**이다. 프랑스 혁명의 인권선언, 미국 독립선언, UN 인권선언 등 근대의 역사적 선언들이 모두 만인평등을 첫머리에 내세우고 있는 데서 이를 알 수 있다. 근대 자유주의의 핵심 사상이 이것이며, 만인평등을 현실적으로 보급하고 그것을 사회적으로 실현한 것이 자유주의의 가장 큰 기여라고 생각된다. 자유주의가 보급되지 않았던 전근대 사회에서는 동서양을 막론하고 만인이 평등하다는 생각은 일부 선각자의 머릿속에만 있을 뿐, 현실에서는 신분이나 인종, 성, 종교 등을 이유로 사람을 차별하는 것이 당연시되었다.

사회정의social justice란 사회 문제에 관한 옳고 그름을 판별하는 기준이라고 볼 수 있다. 만인평등은 사회정의와 관련된 명제 중에서 유일하게 자명한 명제라고 생각된다. 사회정의에 관한 거의 모든 다른 명제들은 그 자체로 자명하다고 보기 힘들며, 그것이 옳음을 증명하기 위해 논리적 근거를 필요로 하며, 논쟁의 여지도 있다. 예를 들어 다음 절에서 살펴볼 최대 다수의 최대 행복, 롤즈의 차등의 원칙 등이 모두 그러하다. 반면에 이 만인평등은 아무리 생각해도 논란의 여지가 없는 올바른 명제이며, 그 자체로 자명해서 이를 증명하기 위해 그 어떤 논증도 필요 없으며, 이것으로부터 사회정의에 관한 다른 명제들이 도출되는 유일한 사회적 공리일 것이다. 이를테면 사람들이 자유로운 것은 모두가 평등해서 그 누구도 다른 사람에게 강요할 권한이 없기 때문이며, 불의란 만인평등에 어긋나는 것이고, 정의는 만인평등에 부합하는 것이라고 볼 수 있다.[30] 이런 의미에서 본원적 평등을 **사회정의에 관한 으뜸 공리**the sovereign axiom of social justice라고 부를 수 있을 것이다. 이 명제는 근대 문명의 기반이며, 이 명제를 부정함은 근대 문명 자체를 부정하는 일일 것이다.

---

30 불의란 노예제도, 국가 권력자의 폭정, 정상배들의 국민 기만, 사회 개선을 방해하는 소수 기득권층의 농간, 독점 대기업에 의한 소비자 수탈, 악덕 기업에 의한 노동자 수탈, 외국인 아내 구박, 대중에 의한 사회적 소수자 핍박, 폭력배의 횡포, 강대국의 약소국 침략 등과 같이 강자가 약자를 핍박해서 만인평등을 훼손하는 것이며, 반면에 정의란 이런 불의 없이 사람들 사이에 평등이 실현된 상태를 말한다고 생각된다.

사회적 평등social equality은 본원적 평등이 현실 사회에서 실현된 것을 말한다. 만인이 법 앞에서 평등한 법적 평등, 모든 사람이 동등한 참정권을 갖는 정치적 평등, 그리고 신분이나 성, 인종, 교육 수준, 종교 등 그 어떤 것을 이유로도 사람을 차별하지 않는 사회의 관행인 **협의의 사회적 평등**이 이에 속한다고 볼 수 있다.

사회적 평등은 두 가지 형태로 나눌 수 있다. 하나는 법(제도)으로 명시된 사회적 평등이다. 근대의 법들은 모두 이 만인평등을 명시적으로 표현한 조문들을 갖고 있다. 예컨대 우리나라 헌법 10조는 "모든 국민은 인간으로서의 존엄과 가치를 가지며, 행복을 추구할 권리를 가진다"고 명시하고 있으며, 11조 1항은 "모든 국민은 법 앞에 평등하다. 누구든지 성별·종교 또는 사회적 신분에 의해 정치적·경제적·사회적·문화적 생활의 모든 영역에서 차별을 받지 아니한다"고 언명하고 있다. 둘째 형태는 우리의 의식 속에 확립되어 있는 만인평등의식이다. 모든 사람은 평등하므로 사람을 차별해서는 안 된다는 것을 우리 모두가 잘 알고 있다. 이러한 의식 덕분에 우리는 사람을 차별하는 행동을 스스로 삼간다. 법은 강제로 만인평등을 실현하고, 의식은 법이 없는 곳에서도 자발적으로 만인평등을 실현한다. 이런 점에서 의식에 확립되어 있는 만인평등이 더욱 강력하다.

끝으로 **경제적 평등**economic equality은 부와 소득의 평등한 분배를 의미한다. 여기에는 기회균등과 결과로서의 분배평등이 포함된다. 기회균등이란 부와 소득을 얻을 수 있는 경제 활동의 출발 선상에서의 평등을 의미하며, 결과로서의 평등분배란 경제 활동의 결과로 얻어진 부와 소득의 평등분배를 말한다.

2

자유와 평등의 상호 보완과 갈등

앞에서 본 세 가지 평등 가운데 자유와 갈등 관계에 있는 것은 마지막의 경제적 평등뿐이며, 나머지 두 평등은 자유를 위한 필수 요소다.

본원적 평등은 자유의 당위성이 도출되는 근거다. 만인은 원래 평등하므로 아무도 다른 사람을 강요할 수 없기 때문에 모든 사람은 저마다 자유를 누릴 수 있다. 뿐만 아니라 본원적 평등인 만인평등사상이 근대 사회에 널리 보급되어 대부분의 사람들이 이를 당연한 것으로 인정하게 되었고, 이러한 의식의 발전은 자유를 실현하는 데 결정적으로 기여하였다. 자유주의의 만인평등사상이 보급된 덕분에 아무도 다른 사람의 자유를 빼앗을 수 없다는 생각이 상식이 되었다.

법적·정치적·협의의 사회적 평등을 포함하는 사회적 평등은 본원적 평등이 사회적으로 실현된 것이므로 자유가 현실에서 이루어진 것이다. 법적 평등은 법으로 개인의 자유를 보장하며, 동등한 선거권과 피선거권을 부여하는 정치적 평등은 모든 사람에게 금력, 권력, 교육 등과 상관없이 정치적 결정에 동등한 권리로 참여할 기회를 제공함으로써 사회적 약자들이 자신들의 자유를 지킬 수 있도록 한다. 모든 사람을 동등하게 대우하는 사회적 관행인 협의의 사회적 평등 역시 개인들이 인종, 신분, 교육, 성, 재산 등을 이유로 자유를 침해받는 일이 없도록 한다.

이처럼 본원적 평등과 사회적 평등은 그 자체에 자유를 내포하고 있으므로, 평등의 실현은 자유의 실현과 동일하다. 따라서 우리가 평등을 경제적 평등이 아니라 본원적 평등과 사회적 평등이라는 의미로 사용할 때는 자유는 평등에 포함된다. 예를 들어 평등한 사회는 자유롭고 평등한 사회를, 평등의 실현은 자유와 평등의 실현을 의미한다. 그럼에도 자유를 평등과 나란히 적는 것은 습관 탓이기도 하지만, 자유를 강조하고 싶어서이기도 할 것이다.

그러나 경제적 분배의 평등은 본원적 평등이나 사회적 평등과는 달리 자유와 충돌한다고 볼 수 있다. 특히 자본주의 경제에서 그러하다. 두 가지 용어를 분명히 정의해 두자. 첫째, 소득과 부의 분배라는 말 대신에 소득의 분배라는 말을 쓰기로 하자. 소득이 축적된 것이 부이므로, 소득의 분배는 소득만이 아니라 부의 분배까지 함축하고 있기 때문이다. 그리고 분배의 평등, 평등한 분배, 공정분배, 분배의 형평성, 분배정의 등은 모두 같은 의미로 쓰기로 하자. 뒤에서 보는 바와 같이 분배의 평등이 지닌 구체적 의미는 여러 가지로 쓰일 수 있으며, 그 표현 방법도 여러 가지이지만 모두가 바람직한 분배 상태를 의미한다는 점에서는 같기 때문이다.

자유와 경제적 분배의 평등이 상호 갈등 관계, 즉 양자택일 관계에 있다는 말의 의미는 두 가지로 이해할 수 있을 것 같다. 하나는 이 말을 자본주의와 사회주의 중 어느 하나의 선택 문제로 이해하는 것이다. 과거에는 이런 경우가 많았다. 자본주의 경제에는 자유가 있으나 평등분배가 없고, 사회주의 경제에는 평등분배가 있으나 자유가 없다고 생각했기 때문이다. 그러나 일찍이 140년 전에 밀이 예측한 바와 같이,[31] 사회주의 경제에는 자유도 없고 평등분배도 없음이 사회주의 국가들의 붕괴로 증명되었다. 따라서 이제는 자유와 평등 간의 상충을 자본주의와 사회주의 간의 양자택일로 이해하기가 곤란해졌다.

자유와 분배평등 간의 갈등을 이해하는 두 번째 방법은 자본주의 경제 안에서 자유와 평등분배가 서로 갈등한다고 이해하는 경우다. 즉 자본주의 경제에서 분배평등을 위해 정부가 분배에 개입하면, 그

---

[31] 밀의 사후 1879년에 출판된 『사회주의론』(*On Socialism*)은 밀이 1870년경에 쓴 것으로 추정되는 책이다. 이 책에서 밀은 사회주의 사회에서는 직업 선택이나 교육 등 일상생활에서 개인이 국가의 결정에 따라야 하므로 자유가 없으며, 재산에 따른 차등분배는 없어지지만 권력에 따른 차등분배가 발생할 것이고, 경쟁이 없음으로써 생산성이 떨어지며, 권력투쟁과 직업 할당에 따른 갈등과 불화가 발생하고, 이러한 요인들로 인해 사회주의 사회는 건설되더라도 붕괴될 것이라고 정확히 예측하였다. Mill, 『사회주의론』, 129쪽.

만큼 재산권 처분에 대한 개인의 자유가 감소한다고 보는 것이다. 다음 절에서 보는 근대 경제학의 대표적인 분배이론인 한계생산력설과 노직Robert Nozick(1938~2002)의 소유권적 정의론은 자본주의에서의 분배를 정당한 것이라고 본다. 그러나 이는 동의하기 힘든 견해다. 자본주의 경제에서 개인의 자유는 보장되지만, 분배는 심히 불평등하다고 보지 않을 수 없기 때문이다. 앞에서 본 바와 같이 분배평등은 기회균등이라는 의미와 결과로 나타난 소득의 평등분배라는 두 가지 의미를 갖고 있는데, 이 두 내용의 어느 하나도 자본주의 경제에서 이루어지지 않는다.

자본주의에서의 소득은 근로소득(임금)과 재산소득(이자, 이윤, 임대료, 특허료 등)의 두 가지가 있다. 근로소득은 타고난 재능과 교육에 의해, 재산소득은 물려받은 상속 재산에 의해 크게 영향을 받는다. 즉 자본주의 경제에서 소득 분배에서의 기회균등은 재능, 교육, 상속 재산에 있어서의 기회균등을 말한다. 이 셋은 모두 자본주의 경제에서 전연 균등하게 배분되지 않는다. 상속 재산은 부모들의 재산에 의해 거의 결정되며, 교육의 기회도 부모들의 재산에 크게 영향을 받는다. 결과로서의 분배평등도 자본주의 경제에서는 전연 실현되지 않는다. 소수의 부자들이 사치와 허영에 큰 돈을 탕진하는 한편에서 수많은 사람들이 가난 때문에 죽음으로 내몰리고 있다. 이런 극심한 빈부격차가 발생하는 자본주의 경제에서의 분배를 공정하다고 볼 수는 없다. 자유와 평등분배 간의 갈등은 자유가 보장된 자본주의 경제에서의 극심한 빈부격차를 의미한다고 볼 수 있다. 이 빈부격차를 시정하기 위해 정부가 재분배정책을 통해서 분배에 개입하는 것이 일반적이고, 이런 정부의 개입이 개인의 재산 처분의 자유를 침해하게 된다. 자유와 평등분배의 갈등은 정부의 재분배정책과 관련된 이와 같은 갈등을 가리키는 것으로 이해할 수 있다.

이 논의를 보다 명확히 하기 위해서는 공정한 분배의 구체적인 내용을 어떻게 보느냐를 살펴야 할 것이다.

3

기존의 분배정의론

앞서 말한 바와 같이 평등분배, 공정한 분배, 분배의 형평성 등은 모두 바람직한 분배를 뜻하며, 이를 분배정의라고도 표현할 수 있다. 사회 구성원 간의 분쟁이 발생했을 때 어느 것이 옳은가를 판단하는 기준이 **정의**justice이며, 경제적 이익의 분배는 사회 구성원 간에 분쟁이 발생하는 대표적인 경우이므로, 경제적 이익 분배의 기준으로 정의를 채택할 수 있다. 이런 정의를 분배적 정의 내지 **분배정의**distributive justice라고 한다. 분배정의에 관해 지금까지 나온 중요한 이론으로는 공리주의와 롤즈의 분배정의론, 드워킨의 자원의 평등분배론, 노직의 소유권적 정의론, 클라크John Bates Clark(1847~1938)의 한계생산력설, 파레토Vilfredo Pareto(1848~1923)의 파레토 최적, 폴리Duncan Foley의 자족自足(no envy)을 들 수 있다. 이 이론들을 고찰하여 보자.

(1) 공리주의

바람직한 분배가 무엇이냐를 정의론적인 입장에서 파악하는 것이 분배정의론이다. 그런데 정의란 가치판단이 개재된 규범적인 개념으로 서양에서는 고대 그리스 시대부터 규범윤리학에서 다루어 온 문제다. 경제학의 분배 문제와 관련해서는 예로부터 있던 서양 철학의 여러 정의론 가운데에서도 영국의 경험주의 전통에서 생성된 **공리주의**가 중요한 고전적 이론이다.

현대 경제학에 암묵적으로 흐르고 있는 분배정의론은 이론경제학에서는 아니지만 경제정책론에서는 대부분 공리주의라고 생각된다. 이는 현대 경제학의 뿌리인 고전학파 경제학과 공리주의가 모두 18세기의 영국이라는 같은 토양에서 생성되었기 때문일 것이다.

벤담Jeremy Bentham(1748~1832)에 의해 18세기 말에 창시된 공리주의 utilitarianism[32]는 그 후 여러 가지로 변형되고 발전되어 왔으나, 그 기본적인 주장은 **최대 다수의 최대 행복**이라는 말로 표현된다. 이 표현을 분석하면 공리주의는 센A. K. Sen의 말대로 후생주의welfarism, 합산주의sum-ranking, 결과주의consequentialism의 세 가지 특징을 갖고 있음을

---

[32] utilitarianism을 우리나라에서는 흔히 일본의 번역에 따라서 功利主義라고 번역하지만, utility의 최대 다수의 최대 행복이라는 뜻은 功利보다는 公利라고 번역하는 것이 더 적합할 것 같아 여기서는 功利主義가 아니라 公利主義를 사용하기로 한다. 황경식(1985).

알 수 있다.[33]

공리주의가 가치판단의 척도로 삼는 효용은 경제학에서 경제적 후생welfare과 거의 동의어로 사용된다. 효용이라는 말이 추상적이고 애매하기 때문에 사람에 따라 그 의미가 달리 정의되고 있으나, 분명한 것은 효용이란 관념적인 생활의 만족이 아니라 구체적인 실제 생활에서의 필요를 충족시킴을 의미한다는 점에서 유럽 대륙의 관념 철학과는 달리 실제적인 철학인 영국 경험주의의 특징을 지니고 있다.

공리주의의 두 번째 특징인 **합산주의**는 어떤 사회적 현상을 판단할 때에 그 기준을 개인들의 효용에 두되, 관련된 모든 사회 구성원의 효용의 증감을 합해서 판단한다는 것이다. **효용**utility은 영어에서 개인적 만족 내지 효용이라는 뜻과 함께 최대 다수의 최대 행복이라는 뜻도 갖고 있다. 이 합산주의는 전체주의와 혼동되기 쉬우나 둘은 엄연히 다르다. 전체주의에 따르면 사회는 개별적인 사회 구성원과 독립하여 독자적인 실체로 존재하면서 독자적인 목표를 가지며, 사회의 목표는 개인들의 목표보다 우선하므로 사회의 목표를 실현하기 위해서는 개인들이 희생되는 것이 당연하게 인정된다. 그러나 공리주의에서 말하는 합산주의는 개인들과 별개인 독자적인 존재로서의 사회를 인정하지 않으며, 따라서 사회의 목표를 실현하기 위해 개인을 희생시키는 것을 인정하지 않는다. 단지 어떤 사회적 현상으로 인해 사회 구성원

---

33 A. K. Sen(1987), 1039~1040쪽.

들이 저마다 이해관계가 다를 때는 관련 당사자들의 효용을 모두 합해서 그 합이 클수록 좋다는 입장에 설 뿐이다.

공리주의의 세 번째 특징은 과정을 고려하지 않고 결과만 보는 결과주의다. 이는 정의의 근거를 결과보다 절차나 과정에서 찾는 사회계약론과 대조적이다. 뒤에서 살펴볼 롤즈는 현대의 대표적인 사회계약론자이다.

이상과 같은 공리주의의 세 가지 내용은 모두 일반 사람들의 상식과 부합하는 직관적인 설득력을 지녔다는 장점을 가지고 있다. 그러나 공리주의에는 두 가지 중요한 결함이 있다. 그것은 효용을 합산하기 어렵다는 것과 다수를 위한 소수의 희생을 합리화한다는 것이다. 공리주의에 따르면 관계되는 모든 사람의 효용을 합해야 한다. 그러나 여러 사람의 효용을 객관적으로 측정하여 합한다는 것은 사실 거의 불가능하다. 벤담은 모든 사람의 효용함수는 동일하므로 객관적인 합산을 할 수 있다고 생각했으나 현실적으로도 이론적으로도 이는 어려운 일이다.

공리주의에서 이 문제를 해결하기 위해 제시한 대표적인 방법은 흄의 **'공평한 관객'**impartial spectator[34]이다. 이는 모든 사람의 효용을 그

---

[34] 흄의 가까운 후배였던 애덤 스미스도 이를 계승하여 공평한 관객을 그의 윤리학에서 중심 개념으로 삼았다. 스미스는 자신의 이해관계를 떠나 공정하게 판별하는 가상의 주체를 공평한 관객이라고 불렀다. Smith, 『도덕감정론』, 109~110쪽.

사람의 입장에서 정확하게 느껴, 그 크고 작음을 측정할 수 있는 가상의 존재를 말한다. 이는 모든 사람에 대해 그 사람의 입장에 서서 그 사람과 똑같이 느끼는 **동감적 일체화**sympathetic identification를 할 수 있는 존재다. 그러나 이러한 존재를 상정하는 것은 모든 사람의 효용을 객관적으로 측정할 수 있다고 가정하는 것과 표현만 다를 뿐 내용은 같다. 이러한 비현실적인 가정으로는 효용 가측성의 문제가 전혀 해결되지 않는다. 결국 이 문제는 이론적으로도 현실적으로도 해결될 수 없다. 뒤에서 살펴보는 롤즈와 파레토의 이론은 바로 이 문제를 중시해 공리주의를 비판하면서 등장하였다.

공리주의의 두 번째 약점은 다수의 행복을 위한 소수의 희생을 합리화한다는 것이다. 그 대표적인 예가 바로 노예제도의 옹호다. 공리주의에 입각하면 사회 구성원 전체의 만족을 증가시키면 정의로운 것이므로, 희생되는 소수 노예의 행복보다 이로 인해 이득을 보는 다른 사람의 효용 증가가 더 크면 노예제도도 정의로운 것으로 인정된다. 비단 노예제도만이 아니다. 이러한 공리주의의 입장에 서면 다수의 행복을 위한다는 명분으로 소수를 희생시키는 전체주의의 불의를 비판할 수가 없다. 소수의 희생은 분명히 어떤 명분으로도 침범할 수 없는 천부적인 인권을 침해하는 것이며 명백하게 잘못이다. 이 문제 역시 롤즈가 공리주의를 비판하는 중요한 논점이다.[35]

---

35 Rawls(1971), 158·167·248·325쪽.

현대 케인지언Keynesians의 후생경제학은 형식상 공리주의로 분류된다고 볼 수 있다. 현대 케인지언의 후생경제학에서 분배정의의 기준으로 사용되는 **사회후생함수**social welfare function는 공리주의의 세 가지 특성을 모두 갖추고 있다. 사회후생함수는 보통 $W = W(U1, U2, U3, \cdots\cdots Un)$와 같이 표현되는데, 여기서 W는 사회 후생이며 $U1, U2\cdots\cdots$ 등은 사회 구성원 개인들의 효용이다. 사회후생함수는 각 사회 구성원의 효용 수준에서 도출될 뿐만 아니라 사회의 효용 수준을 나타낸다는 점에서 효용주의에 근거를 두고 있다. 또한 사회후생함수는 개인의 효용을 종합한다는 점에서 합산주의의 입장을 나타낸다. 그리고 이 함수는 사회적 효용이 이루어지는 과정은 전혀 고려하지 않고, 단지 그 결과인 사회적 효용 수준만 따진다는 점에서 결과주의를 채택하고 있다. 현대 케인지언의 후생경제학은 사회후생함수로 표시되는 사회 후생이 최대가 되는 분배 상태가 바람직한 분배라고 생각한다. 이 사회후생함수는 공리주의의 한계를 그대로 갖고 있다. 각 개인의 효용인 $U1, U2, U3, \cdots\cdots Un$을 어떻게 측정하며, 이 개인의 효용들을 어떻게 합산해서 사회 후생을 도출할 것인지가 불분명하기 때문이다.

(2) 한계생산력설

현대 경제학에서 대표적인 분배이론은 클라크가 정리한 **한계생산력설**이다. 이 이론은 자본주의 경제에서 노동자와 자본가가 저마다 생산에 기여한 바에 따라 분배를 받으므로 자본주의 시장경제에서 이루어지는 소득 분배는 공정하다고 가르친다. 이 이론을 정립한 책의 서문에서 클라크는 자본주의 경제에서의 분배가 공정하다는 것을 보여주기 위해 이 책을 썼다고 명시하였다(Clark, 1923, 서문).

이 책에서 클라크는 생산요소를 노동과 자본의 둘로 나누고, 노동의 가격인 임금률은 노동의 한계생산력과 같고, 자본의 가격인 이자율(이윤율)[36]은 자본의 한계생산력과 일치한다고 주장하였다. 한계생산력이란 생산요소를 한 단위 더 고용함에 따라서 증가하는 생산량이다. 예를 들어 어떤 구두 공장에서 노동자를 100명에서 101명으로 한 명 더 고용했을 때, 구두 생산량이 하루에 1000켤레에서 1010켤레로 열 켤레 증가했다면 101명째로 고용된 노동자의 한계생산력은 하루에 열 켤레다. 이 이론에 따른 임금률 결정을 다음 〈그림〉을 이용해서 설명해 보자.

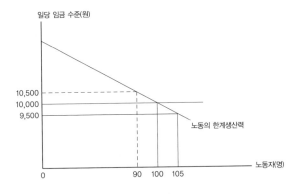

〈그림〉 한계생산력설에 의한 노동의 고용

〈그림〉에서 노동의 한계생산력을 나타내는 선은 오른쪽 아래로 내려간다. 이는 고용량이 증가함에 따라 노동의 한계생산력이 감소하는 **한계생산력 체감의 원리**(수확체감의 원리)를 나타낸다.[37] 만일 노동자의 임금이 하루에 만 원이고 구두 한 켤레가 천 원이라면, 이 공장은 노동자의 한계생산력이 만 원(구두 열 켤레)이 되는 100명을 고용할 것이다. 이때 노동의 한계생산력과 노동자의 임금 수준은 하루 만 원으로 서로 일치할 것이다. 만일 고용이 이보다 작은, 예컨대 90명이라면 공장으로서는 노동자를 더 고용하는 데 들어가는 비용(임금 수준)보다 노동자를 더 고용해서 버는 수입(구두 생산 수입)이 크므로 고용을 늘릴 것이다. 반대로 고용이 이보다 더 많은, 예컨대 110명이라면 100명을 초과하는 10명의 노동자는 자신들이 받는 임금만큼 구두를 생산하지 못하므로 공장은 이들을 고용하지 않을 것이다. 이처럼 한계생산력설에 따르면 노동자의 임금 수준은 노동자의 한계생산력과 일치한다. 이는 노동자들이 생산에 기여한 만큼 임금을 받음을 의미한다. 노동자들의 생산에의 기여는 노동자의 한계생산력과 같기 때문이다.

---

36 스미스 이래로 근대 경제학에서는 이자율과 이윤율은 모두 자본의 가격이며, 이 둘은 완전 경쟁시장에서는 일치한다고 가정하는 경우가 많았다.

37 다른 생산요소의 투입량이 일정할 때에 어떤 생산요소 하나만 증가시키면 증가하는 생산요소의 한계생산력은 감소하는 것을 한계생산력 체감의 원리라고 한다. 예를 들어서 면적이 일정한 밭에 노동자의 투입을 점차 증가시키면 총생산량은 증가하겠지만 노동자의 수가 증가할수록 총생산량이 증가하는 속도는 점차 감소할 것이다. 즉, 한 명 더 증가함에 따른 총생산량의 증가가 점차 감소할 것이다. 경제학에서 한계생산력 체감의 원리는 일반적으로 타당하다고 받아들인다.

그러나 이미 1950~1960년대의 **케임브리지 자본 논쟁**에서 밝혀진 바와 같이, 이 이론은 자본의 이자율과 이윤율을 설명하지 못한다.[38] 이 논쟁은 매우 전문적이므로 그 구체적 내용을 여기서 소개하기는 곤란하지만, 한계생산력설이 자본의 이윤율을 설명하는 데 적절하지 못하다는 것은 다음과 같이 두 가지로 설명할 수 있다.

하나는 이 이론으로 이윤율을 설명하는 것은 순환논법에 빠진다는 것이다. 한계생산력설에 따르면 생산요소는 노동과 자본 두 가지이고, 노동의 가격인 임금률은 노동의 한계생산력과 같으며, 자본의 가격인 이윤율은 자본의 한계생산력과 같다. 그런데 앞에서 본 바와 같이 각 생산요소의 한계생산력은 생산에 투입하는 생산요소의 양이 증가함에 따라 체감하므로, 노동과 자본의 한계생산력을 알려면 노동과 자본의 투입량을 알아야 하기 때문에 노동과 자본의 투입량을 측정해야 한다. 노동은 노동 시간이나 노동자 수로 측정할 수 있다. 그러나 자본은 다르다. 생산요소로서의 자본은 각종 기계들인데 경제에는 수많은 종류의 다양한 기계들이 있다. 이런 다양한 기계들을 합산하는 유일한 방법은 각 기계의 값을 측정해서 합할 수밖에 없다. 그런데 각

---

38 이 논쟁은 영국 케임브리지대학의 로빈슨(Joan Robinson)을 대표로 하는 신리카디언학파 (the neo-Ricardian school)와 미국의 사무엘슨(Paul Samuelson, 1915~)을 대표로 하는 신고전학파종합(the neoclassical synthesis school) 간에, 여러 종류의 자본재(기계)가 존재하는 경제에서 한계생산력설로 자본의 이윤율과 이자율을 설명할 수 있느냐에 관하여 벌어진 논쟁이었다. 이 논쟁이 끝날 때 사무엘슨은 다양한 자본재가 존재하는 경제에서 한계생산력설로 자본의 이윤율을 설명할 수 없음을 인정하였다. Samuelson(1966).

기계의 값은 이자율(이윤율)이 정해져야 알 수 있다. 예컨대 매년 1000만 원의 수익을 올리는 기계가 있다고 하자. 만일 경제의 평균이윤율이 5퍼센트라면 이 기계의 가격은 2억 원이고(2억 원에 5퍼센트의 이윤율을 곱하면 1000만 원이다), 만일 평균이윤율이 10퍼센트라면 이 기계의 값은 1억 원이다. 즉 자본의 이윤율을 알려면 기계의 가격을 알아야 하고, 기계의 가격을 알려면 자본의 이윤율을 알아야 한다. 이는 순환논법의 오류이므로 이런 방법으로는 자본의 이윤율을 알 수 없다.

한계생산력설로 자본의 이윤율을 설명할 수 없는 두 번째 이유는 자본은 생산요소가 아니라 생산요소를 사거나 빌리는 돈이기 때문에 한계생산력을 가질 수 없다는 것이다. 이것이 더 본질적인 오류다. 원래 케임브리지 자본 논쟁은 로빈슨 여사가 "자본은 기계냐 돈이냐"라고 질문하면서 시작되었다. 흔히 자본capital과 자본재capital goods를 혼동해서 자본을 생산요소라고 하지만, 생산요소는 자본이 아니라 자본재다. **자본재**(생산재)란 생산에 투입되는 것들 중에서 사람이 만든 모든 것을 말한다. 기계, 건물, 원료, 부품, 반제품, 자동차, 책상, 걸상 등이 이에 속한다. 자본재는 자본주의 경제만이 아니라 사회주의 경제를 포함하여, 경제체제에 관계없이 모든 경제체제에서 생산을 하는 데 필요하다.

자본이란 무엇인가? 자본은 돈인가, 아니면 기계인가? 근대 경제학은 아직까지 이를 분명히 하지 않음으로써 혼란을 야기하고 있다. 근대 경제학 생산이론의 생산함수에서는 자본이 기계처럼 취급되어 한계생산력과 평균생산력을 갖는다고 설명하고 있다. 반면에 분배이론에서는 자본을 돈으로 보고, 자본가가 생산에 자본을 공여한 대가로 이윤과 이자를 받는 것이라고 설명한다. 근대 경제학 교과서에서는 이처럼 자본을 때로는 돈으로, 때로는 기계로 취급하고 있다. 그러나 엄밀히 볼 때, 생산함수에 나오는 생산요소는 돈이 아니라 기계이다. 반면에 자본은 자본주의 경제에서 기업이 노동이나 기계, 토지 같은 모든 생산요소들을 사거나 빌리기 위해 사용하는 돈이다.

생산요소인 자본재(기계)는 사회주의든 자본주의든 모든 경제에서 필요하다. 어떤 경제에서든 생산에는 기계가 필요하기 때문이다. 반면에 자본은 자본주의 경제에서만 필요하고 사회주의 경제에서는 필요하지 않다. 사회주의 경제에서는 국가의 지시에 따라 생산요소들이 생산에 투입되므로 자본이 필요 없지만, 자본주의 경제에서는 노동이나 기계, 토지 같은 모든 생산요소를 생산에 투입하려면 돈을 주고 사거나 빌려야 하기 때문이다. 즉 **자본**이란 자본주의 경제에서 기업이 생산요소를 얻기 위해 사용하는 돈이다.

자본주의 경제에서 자본이 생산요소가 아니라 생산요소들을 사거나 빌리기 위해 사용되는 돈이라는 것은, 자본이 단지 기계만이 아니라 노동이나 토지라는 생산요소를 획득하기 위해서도 필요하다는 사실에서 알 수 있다. 예를 들어 어떤 기업이 노동자를 고용하는 데 3억 원, 기계 등 생산재(자본재)를 구입하는 데 5억 원, 토지를 구입하는 데 2억 원 등 10억 원을 생산에 투입해서 12억 원의 물건을 만들어 팔아

2억 원의 이윤을 얻었다면, 이때의 자본은 투자된 돈 전체인 10억 원이지 기계만 사는 데 쓴 5억 원이 아니며, 이때의 이윤율은 이윤 2억 원을 총 자본 10억 원으로 나눈 20퍼센트다.

이처럼 자본은 돈이지 기계가 아니며, 생산요소가 아니므로 생산력을 가질 수가 없다. 생산력을 갖는 것은 자본이 아니라 자본으로 구입하거나 빌린 생산요소다. 기업이 돈을 아무리 많이 가지고 있어도 그 돈으로 생산요소를 사거나 빌려서 생산에 투입하지 않으면 생산은 하나도 이루어지지 않는다. 즉 돈으로서의 자본은 생산력이 없다. 자본으로 생산요소를 구해서 생산에 투입해야만 생산이 발생한다. 다시 말하지만, 생산력을 갖는 것은 자본이 아니라 노동, 토지, 기계와 같은 생산요소다. 자본은 생산요소가 아니므로 한계생산력이 없다. 한계생산력설에 따라 이윤을 자본의 한계생산력과 같다고 한다면, 자본은 생산요소가 아니므로 이윤은 없어야 한다.

비단 노동자만이 아니라 토지, 건물, 기계도 생산에 투입되는 생산요소이므로 이들에게 지급되는 임대료는 한계생산력설로 설명할 수 있다. 그러나 자본(돈)을 제공한 대가로 받는 이윤과 이자는 지금까지 본 바와 같이 자본이 생산요소가 아니므로 한계생산력설로 설명할 수 없다. 이것이 한계생산력설로 자본주의 경제에서의 분배를 설명할 수 없는 두 번째 이유다.[39]

(3) 파레토 최적

벤담은 소득재분배정책을 지지하였다. 모든 사람의 효용함수는 동일할 뿐만 아니라, 각 개인의 한계효용은 소득이 증가할수록 감소한다고 벤담은 보았기 때문이다.[40] 따라서 부자에게서 세금을 거두어 가난한 사람에게 주면 부자가 잃는 효용보다 가난한 사람이 얻는 효용이 더 크므로 사회의 총효용은 증가하게 된다. 이러한 벤담의 생각은 사실상 대부분의 사람들의 일반적인 상식에도 맞으며, 마셜Alfred Marshall에 이르기까지 고전학파 경제학자들도 대부분 이를 인정해 왔다.

그러나 이러한 평등주의적인 주장은 부유한 사람들에게는 불편하였다. 이러한 고민을 시원하게 해결해 준 사람이 바로 파레토였다. 파레토는 개인간의 효용은 비교가 불가능하다고 함으로써 재분배정책

---

[39] 스미스 이래 근대 경제학자들은 자본을 자본재와 혼동해 왔다. 이런 오류를 지적하고 자본과 자본재를 명확히 구분한 사람이 마르크스다. 마르크스가 지적한 바와 같이(Marx, 『자본론』 2권 제1편), 자본주의 경제에서 기업에 투자된 자본은 처음에는 돈으로 있다가 생산요소를 구입하면 생산요소(노동, 생산재, 토지)의 형태가 되고, 생산요소를 사용해서 상품을 만들면 상품의 형태로 전환되며, 상품이 판매되면 다시 돈의 형태로 되돌아오고, 돈은 다시 생산요소로, 생산요소는 다시 상품으로 형태를 전환하는 과정이 반복된다. 즉 자본주의에서 기업의 자본은 돈, 생산요소, 상품의 순서로 형태를 전환하는 과정을 반복하며, 이 과정에서 자본의 일부는 돈으로, 일부는 생산요소(근로자, 기계, 공장, 토지, 원료 등)로, 일부는 상품 재고의 형태로 존재하게 된다.

[40] 벤담은 가난한 노동자보다 소득이 5만 배인 부자가 느끼는 총효용은 가난한 노동자가 느끼는 총효용의 2배 정도밖에 안 될 것이라고 보았다. *Jeremy Bentham's Economic Writings* (1954), vol. 3, 441쪽.

의 당위성을 이론적으로 간단하게 논박하였다.[41]

경제학에서 이론은 형식논리상의 발전이라는 표면적인 동기 밑에 특정 계층의 이익을 옹호한다는 실제 동기가 존재한다는 것을 파레토의 서수적 효용이론이 잘 보여준다. 파레토는 각 개인의 효용의 크기를 객관적으로 측정할 수 있다고 보았던 벤담의 **기수적 효용이론**cardinal utility theory을 부정하고, 그 대신에 **서수적 효용이론**ordinal utility theory을 주장하였다. 이 이론에 따르면 효용이란 주관적인 심리 현상이므로 그 크기를 객관적으로 측정할 수 없으며, 가능한 것은 단지 어떤 한 개인이 여러 경우에 느끼는 자신의 효용들의 크기를 비교하는 것뿐이다. 다른 사람 간의 효용은 전연 비교할 수 없다. 따라서 어떤 사람의 후생이 증가하고 어떤 사람의 후생이 감소한 경우에 사회 전체의 후생이 증가했는지 감소했는지를 객관적으로 판단하기가 불가능하다. 왜냐하면 사람 간의 효용의 크기는 비교할 수 없기 때문이다. 따라서 파레토는 어떤 사람의 후생도 감소됨이 없이 적어도 한 사람 이상의 후생이 증가되는 것만을 개선이라고 보았다. 이를 **파레토 개선**Pareto improvement이라고 부르며, 파레토 개선이 불가능한 상태를 **파레토 최적**Pareto optimality 또는 **파레토 효율**Pareto efficiency이라고 한다. 파레토 최적은 개선의 여지가 없는 바람직한 상태다.

---

41 이 지적은 다음에 따른 것이다. J. Robinson & J. Eatwell(1973), 37쪽.

이 이론에 따르면 아무리 편중된 분배일지라도 현실의 모든 분배는 최적의 분배이며, 어떤 재분배도 바람직하지 않다. 어떤 재분배일지라도 어떤 사람의 후생을 감소시키기 때문이다. 즉, 현실의 모든 분배는 파레토 개선이 불가능한 파레토 최적이다.

이러한 파레토의 이론은 현대 경제학의 정설로 모든 경제학 원론 교과서에 실려, 거의 모든 학생에게 자명한 진리인 양 설명되고 있다. 그러나 파레토 이론은 공정분배이론으로도 효용이론으로도 중대한 결함을 갖고 있다.

첫째, 파레토 이론은 공정분배이론이 될 수 없다. 그의 이론은 어떤 분배가 공정분배인지 말해 주는 바가 전혀 없기 때문이다. 그에 따르면 어떤 특정한 분배가 공정분배가 아니라, 현실에 존재하는 모든 분배가 공정분배이다. 현실에서는 어떤 사람의 몫을 줄이지 않으면 다른 사람의 몫을 늘릴 수 없기 때문이다. 또한 어떤 재분배도 바람직하다고 볼 수 없다. 재분배로 인해 효용이 감소한 사람의 후생보다 효용이 증가한 사람의 후생이 더 크다고 볼 수 없기 때문이다. 파레토에 의하면 한 사람이 모든 생산요소를 소유하고 그 결과로 한 사람이 모든 소득을 독차지하는 극단적인 편중분배도 최적 상태로 인정된다. 이런 이유로 롤즈는 파레토 이론을 분배정의이론으로 인정하지 않았다. 애로 K. J. Arrow(1921~)도 지적하는 바와 같이 파레토 최적은 분배정의를 결코 의미하지 않는다.[42]

둘째, 파레토의 서수적 효용이론으로 재분배의 필요성을 부정하는 것은 잘못이다. 소득이나 부의 재분배가 실시되면, 부자들의 사치재 소비가 줄고 서민들의 **기본재**basic needs(의식주, 의료, 교육, 교통 등) 소비가 늘 것이다. 파레토의 주장대로라면, 부자들의 사치재 소비와 서민들의 기본재 소비 중에서 어느 것이 인간 생활에 더 필요한 것인지 알 수가 없다. 그러나 만약 부자들도 돈이 별로 없다면 사치재가 아니라 기본재를 소비하는 데 돈을 쓸 것이다. 즉, 부자든 서민이든 소득 수준에 상관없이 모든 사람에게 기본재가 사치재보다 더 필요하다는 것은 명약관화한 객관적 사실이다. 사람 간에 효용을 비교하는 것이 불가능하다는 이유로 이 자명한 사실을 부인하는 것은 논리의 비약이다. 내가 밥을 먹을 때의 효용과 내 친구가 수백만 원짜리 포도주를 마실 때의 효용의 크기는 파레토의 말대로 객관적으로 측정할 수 없다. 그러나 이 명제로부터 기본재가 사치재보다 인간의 생활에서 더 중요하다는 명백한 사실을 부정하고 재분배의 필요성을 부인하는 것은 논리의 비약이다. 재분배정책은 사회 전체의 효용을 증대시키기 위해서 실시하는 것이 아니라, 사치재보다 더 필요한 기본재를 가난한 사람들에게 제공하기 위해서 실시하는 것이다.

셋째, 서수적 효용이론은 사실상 불평등한 인간관을 암묵적으로 가정하고 있다. 부자도 먼저 기본재부터 충족시킨 다음에 남는 돈으로 사치재를 소비할 것이다. 즉 기본재는 부자에게도 사치재보다 더 큰

---

42 K. J. Arrow(1985), 140쪽.

효용을 준다. 따라서 가난한 사람이 기본재를 충족시키는 데서 얻는 효용이 부자가 사치재를 소비하는 데서 얻는 효용보다 작을 수 있다고 보는 것은, 부자가 기본재를 충족시키는 데서 느끼는 효용이 가난한 사람이 기본재를 소비하는 데서 느끼는 효용보다도 더 클 수 있다는 것을 의미한다. 이는 부자가 효용을 느끼는 능력이 가난한 사람보다 더 크다는 것을 의미한다. 이러한 견해는 분명히 만인이 평등하다는 만인평등의 원칙과 배치된다. 물론 모든 사람이 평등하다는 것을 모든 사람의 효용함수가 똑같다는 것으로 해석할 수는 없다. 그러나 효용의 상이성을 가지고 모든 사람에게 필요한 기본재를 충족시키기 위한 재분배정책의 당위성까지도 부인하는 것은 억지라고 생각된다. 기본재가 충족되어 생활이 가능해진 다음에야 개인적인 선호가 의미를 가질 것이다.

파레토 이론이 이처럼 문제가 있는데도 불구하고 경제학의 정설로 받아들여진 것은 파레토가 효용을 심리적인 현상이라고 말장난을 했기 때문이다. 효용에는 **심리적 효용**만이 아니라 **실제적 효용**이 있는데, 실제적 효용이 소비의 주목적이며 심리적 효용보다 더 중요하다. 예를 들어 밥을 먹을 때 맛을 즐기는 것은 심리적 효용이고, 영양을 섭취하는 것은 실제적인 효용이다. 우리가 밥을 먹는 주목적은 영양을 섭취해 생명을 유지하기 위해서다. 파레토도 한 끼만 굶어 보면 과연 밥의 효용이 심리적인 것인지 실제적인 것인지 알 수 있을 것이다.

심리적인 효용은 객관적으로 비교할 수 없다. 그러나 실제적 효용은 그렇지 않다. 적어도 생존과 기본 생활에 필요한 소비에서 얻는 효용은 그렇지 않은 효용보다 분명히 더 클 것이다. 파레토의 서수적 효용이론은 경제학에서 말장난으로 사실을 호도한 대표적 예다.

그러나 이런 파레토의 이론이 현대 경제학에서 비판받지 않고, 오히려 과학적인 이론으로 평가되어 교과서마다 실려 있다. 또한 분배정의는 가치판단을 포함한다는 이유로 실증경제학을 자처하는 현대경제학에서 관심 밖으로 밀려나, 공정분배에 대한 연구는 다음에서 보는 폴리의 이론을 제외하고는 별로 나타나지 않았다. 파레토 최적은 가치판단을 배제하는 실증경제학의 대표적 예다.

(4) 자유주의적 평등분배론

제2차 세계대전 이후 미국과 유럽의 대부분 서양 선진국들은 복지국가를 건설하였다. **복지국가**welfare state란 자본주의 경제를 인정하면서 동시에 빈부격차를 완화하기 위하여 저소득층을 위한 적극적인 공공복지제도를 갖춘 나라를 말한다. 이러한 복지국가에서의 적극적인 공공복지정책(소득재분배정책)을 지지하는 철학적 이론 토대를 제시한 것이 **자유주의적 평등주의**liberal egalitarianism 또는 **평등주의적 자유주의** egalitarian liberalisn이며, 이를 대표하는 이론이 롤즈의 분배정의론과 드워킨Ronald Dworkin(1931~)의 자원의 평등분배론이다.[43] 롤즈와 드워킨은 모두 철학자인데, 제2차 세계대전 이후 경제학자 중에서 거의 유일하게 공정분배이론을 제시한 폴리의 자족이론도 이에 포함될 수 있을 것이다.

① 롤즈의 차등의 원리

미국 하버드대학의 윤리철학자였던 롤즈는 증명이 불가능하다는 이유로 가치판단을 분석 대상에서 제외시키는 현대 과학의 실증주의 전통을 정면으로 비판하고, 분배정의가 무엇인가를 본격적으로 분석하였다.[44] 롤즈의 정의론은 윤리철학만이 아니라 경제학을 포함한 현대의 사회과학 전반에 지대한 영향을 주어, 제2차 세계대전 이후 사회과학과 인문과학에 가장 큰 영향력을 끼친 이론으로 평가받고 있다. 롤즈로 인해 19세기 말 이래 실증주의에 의해 빛을 잃었던 규범주의적 방법론이 다시 사회과학과 인문과학에서 중요시되기 시작하였다.

롤즈는 사회 구성원들 간에 경제적 이득을 분배할 때의 기준인 분배정의를 본격적으로 분석하였다. 롤즈는 앞에서 살펴본 공리주의와 파레토 최적 이론을 철저하게 비판하였다. 롤즈가 비판한 공리주의의 두 가지 중요한 문제점은, 결과를 판단 기준으로 삼는 결과주의와 전체의 입장에서 판단하는 합산주의다. 결과주의와 합산주의는 노예제

---

[43] 서양에서 복지국가가 본격 등장한 것은 제2차 세계대전 직후부터이고, 롤즈의 이론이 처음 나온 것은 1958년이며, 드워킨의 평등분배론이 처음 나온 것은 1981년이므로 롤즈와 드워킨은 복지국가의 재분배정책을 사전에 이끈 것이 아니라 사후에 합리화하였다.

[44] Rawls(1971).

도와 같이 다수를 위해 소수를 희생시키는 정의롭지 못한 사회제도를 합리화시킨다고 롤즈는 비판하였다. 또 그는 결과를 합산하려면 각 개인의 후생의 증감을 객관적으로 측정할 수 있어야 하는데, 이는 도저히 불가능하다고 비판하였다. 또한 분배정의의 이론이 되려면 분배정의에 합당한 특정한 조건들을 제시해야 하는데, 파레토 최적은 현실의 모든 분배를 인정하므로 분배정의에 관한 이론이 될 수 없다고 지적하였다.

롤즈는 루소Jean Jaques Rousseau(1712~1778)와 칸트의 고전적 사회계약설을 현대적으로 발전시킨 그의 분배정의론을 제시하였다. 롤즈의 이론은 **원초적 입장**original position이라는 가상적인 상태에서 출발한다. 원초적 입장이란 사회의 각 구성원이 사회 운영에 관한 기본 규칙인 사회계약을 체결하기 위해 모일 때 사회 구성원들이 취해야 할 입장을 말한다. 원초적 입장에서 가장 중요한 가정은 **무지의 장막**veil of ignorance이다. 무지의 장막이란 계약에 참석하는 사회 구성원들이 각자 자신의 구체적인 입장을 전연 모르는 상태를 말한다. 여러 사람이 모여서 분배정의의 원칙을 합의에 의해 제정하려면 모두가 각자 자신들의 사회적 지위와 계급적 입장, 재능과 자산의 소유 정도, 지능, 체력 등 각자의 분배에 영향을 미칠 수 있는 구체적인 조건들을 전혀 몰라야 한다. 만일 각자 상이한 자신들의 입장을 가지고 계약에 참가한다면, 이해관계가 서로 다르므로 공정한 입장에 설 수도 없고 합의가 도출될 수도 없을 것이다.⁴⁵ 자신들의 구체적인 입장을 몰라야 계약 참가자들이 공정한 입장에 설 수 있다. 롤즈의 정의론은 이처럼 공정함을 강조하기 때문에 롤즈는 자신의 이론을 **공정성으로서의 정의** justice as fairness라고 불렀다.

원초적 입장의 두번째 중요한 가정은 계약 참가자들이 모두 위험을 싫어하는 **위험기피자**risk averter라는 것이다. 따라서 사람들은 누구나 자신이 가장 불우한 사람이 될 경우에 자신이 갖게 되는 몫이 최대가 되기를 바란다고 가정한다. 이 가정으로부터 롤즈는 **최대최소의 규칙** maximin rule 또는 **차등의 원리**difference principle라고 불리는 다음과 같은 분배정의의 두 원칙을 제시하였다.[46]

- 제1원칙: 모든 사람을 위한 자유의 유사한 체계와 병립할 수 있는 동등한 기본적 자유들의 가장 확장된 전 체계에 대하여 각자는 동등한 권리를 갖는다.
- 제2원칙: 사회적·경제적 불평등은 다음과 같은 두 조건이 모두 충족되도록 조정되어야 한다.
  (ㄱ) 가장 불우한 사람들의 이익을 최대로 하는 데 기여하며,
  (ㄴ) 직업과 지위는 공정한 기회균등이 이루어지도록 모두에게 개방된다.

---

45 사람마다 의견이 다를 때 강압적인 방법을 사용하지 않고는 합의에 도달할 수 없다는 애로의 불가능성 정리도 바로 이런 명백한 상식적인 사실을 지적하고 있다고 생각된다. K. J. Arrow(1963).

46 J. Rawls(1971), 302~303쪽.

제1원칙은 개인의 절대적인 자유와 앞에서 본 만인평등의 원칙을 존중하는 자유주의의 전통을 재천명한 것이라고 볼 수 있다. 이 점에서, 자유지상주의자들은 롤즈를 사회주의자라고 부르기도 하지만, 분명히 롤즈는 자유주의자다. 롤즈가 주장한 분배정의의 핵심은 제2원칙이다. 이 중 두 번째의 기회균등 역시 서구 민주 사회의 전통을 재술한 것이고, 최대최소의 규칙을 표현한 첫 번째의 원칙이 롤즈의 분배정의론의 핵심이다. 어떤 사회적 분배는 그것이 가장 불우한 사람의 몫을 크게 할 때만 정당하다는 것이다. 쉽게 말하면 롤즈에게 있어 분배의 기준은 전체 구성원들의 후생의 합이 아니라, 가장 불우한 사람의 후생이다. 따라서 가장 불우한 사람의 후생을 증가시키는 것은 정의로우며, 이를 최대로 하는 것이 최선의 분배이다.

이와 같이 롤즈의 입장에 서면 공리주의자들같이 노예제도를 합리화하는 오류에 빠지거나 객관적으로 측정할 수 없는 개인 효용의 합산이라는 어려움에 봉착하는 것을 피할 수 있다. 뿐만 아니라 파레토와 같이 현실의 모든 분배를 합리화하는 무비판적인 태도를 비판할 수 있다. 롤즈의 정의론은 파레토 최적에 대한 최초의 본질적 비판이다.

롤즈의 분배정의론은 내용이 깊고도 풍부하고 논리가 정연한 이론이라고 평가할 수 있다. 그러나 다음과 같은 몇 가지의 한계 내지 문제점을 지적할 수 있다.

첫째, 공정한 원초적 입장에 선다고 하더라도 반드시 롤즈의 최대최소의 규칙이 도출된다고 볼 수는 없다. 일반적으로 무지 상태에서는 최소치가 아니라 평균치(기대치)를 극대화하는 것이 합리적인 규칙으로 수용된다. 롤즈의 최대최소의 원칙은 공정한 입장에서 도출될 수 있는 여러 원칙 중의 하나에 불과하다. 이런 의미에서 롤즈의 이론에서 더 설득력이 있는 것은 최종 결론인 최대최소의 규칙이 아니라 그의 방법론인 공정성fairness의 개념이라 생각된다. 롤즈 자신도 그의 이론을 공정성으로서의 정의라고 불렀다.

롤즈 이론의 두 번째 문제점은 그 자신이 인정하듯이 그의 이론은 추상적인 이론 수준에서 제시된 원리이므로 현실에 그대로 적용하기에는 구체성이 부족하다는 점이다.

그러나 경제학의 입장에서 볼 때 롤즈의 분배정의론이 지닌 큰 문제점은 그의 차등의 원리를 생산이 고려된 분배 문제에 적용하기가 힘들다는 것이다. 현실의 어느 경제에서나 생산과 분배는 상호 의존적이다. 분배는 생산에 의해 영향을 받으며, 생산은 분배에 의해 영향을 받는다. 롤즈의 정의론은 이를 분명하게 고려하고 있지 않다. 경제 발전이 중요한 정책 과제인 발전도상국에서는 생산과 분배 간의 연관성을 더욱 깊이 고려해야 할 것이다. 예를 들어 다음의 표에서와 같이, 어떤 사회에 갑과 을 두 사람만 있고, 분배 방식도 I과 II의 두 가지만 있다고 가정하자.

〈분배 I〉에 따르면 현재에서는 20과 10으로 두 사람의 몫이 결정되고 미래에는 30과 20으로 결정되며, 〈분배 II〉에 따르면 갑과 을에게 현재는 모두 15씩, 그리고 미래에는 18씩 균등하게 돌아간다고 하자. 현재만 보면 〈분배 II〉의 최소 몫이 15이므로 〈분배 I〉의 최소 몫

10보다 크다. 따라서 롤즈의 기준에 따라 현재의 분배만 본다면 〈분배 II〉가 선택된다.

그러나 〈분배 II〉는 〈분배 I〉보다 미래를 위한 투자량이 적어 경제성장률이 〈분배 I〉보다도 낮을 수 있고, 그 때문에 동일한 분배율이 지속되더라도 미래에는 두 분배 방식에서 나타나는 최소 분배분의 크기가 현재와는 반대로 바뀔 수 있다. 표에서 미래를 기준으로 보면 최소의 몫이 20인 〈분배 I〉이 최소의 몫이 18인 〈분배 II〉보다 더 우월하다. 이것은 선성장 후분배를 주장하는 통속적인 지적이긴 하지만, 발전도상국으로서는 무시할 수 없는 문제다.

롤즈는 이와 같은 생산 내지 경제성장과 연결된 분배 문제를 충분히 고려하지 않았다고 보인다. 이유는 롤즈의 이론이 경제성장은 중요한 관심사가 아닌 미국에서 생성되었기 때문이 아닌가 짐작된다.

롤즈는 또한 개인의 선택으로 인한 분배의 차이와 선천적 능력의 차이로 인한 분배의 차이를 고려하지 않았다. 예를 들어 갑과 을이라는 두 사람이 있고 둘 모두 동일한 조건에서 출발했는데, 갑은 돈은 못 벌지만 자신이 좋아하는 화가라는 직업을 선택해서 가난하게 살고, 을은 장사를 선택해서 큰돈을 벌었다고 하자. 이 경우 롤즈의 차등의

	분배 I		분배 II	
	갑	을	갑	을
현 재	20	10	15	15
미 래	30	20	18	18

원리에 따르면 을에게서 갑으로의 소득 이전이 정의롭다. 그러나 이런 경우처럼 자신이 선택한 낮은 소득도 보전해 주는 것이 옳은가? 또한 가난한 사람 중에는 장님처럼 선천적 장애자도 있고, 선천적인 장애가 전연 없는 정상인도 있다. 선천적 장애가 있는 사람은 그렇지 않은 사람보다 동일한 소득 수준에서 훨씬 더 불행하므로 더 많은 지원이 필요할 것이다. 롤즈는 이런 경우도 고려하지 않았다. 롤즈가 고려하지 않은 이 두 문제를 본격적으로 고찰한 사람이 드워킨이다. 드워킨을 보기 전에 먼저 드워킨이 논의의 출발점으로 삼았던 폴리의 이론을 살펴보자

② 폴리의 자족

현대 경제학에서 분배의 **형평성**equity을 나름대로 분명하게 정의한 거의 유일한 개념이 폴리의 '자족'自足(no envy) 개념이다(Foley, 1967). 폴리는 일단 균등분배를 바람직한 분배라고 인정하고, "모든 사람이 어떤 다른 사람의 소비묶음을 자기의 소비묶음보다 선호하지 않을 때 분배가 형평하다"고 정의하였다. 일단 사회의 모든 생산물을 똑같은 양으로 나눈 다음 자유 교환을 하도록 하면 이런 상태에 도달될 수 있다고 그는 보았다.

그러나 그 후에 지적된 바와 같이 자족이라는 기준은 생산은 없고 소비만 있는 가상적인 교환경제에서만 달성될 수 있고, 생산이 있는 경제에서는 이루기 어렵다.[47] 왜냐하면 개인의 효용은 소비만이 아니라 여가 시간의 함수이기도 한데, 각자 노동의 생산성이 모두 다르기

때문에 균등하게 노동 시간을 투입하면 각자의 생산물이 다르고, 생산물이 균등하도록 각자의 노동 시간을 달리하면 각자의 여가 시간이 달라지기 때문이다. 생산과 소비가 모두 존재하는 경제에서 다른 사람의 여가와 소비를 부러워하지 않는 사람은 없을 것이다. 폴리는 생산을 고려하지 않았기 때문에 여가를 고려하지 않았다.

생산 과정을 고려하지 않는다는 것은 각 개인이 생산에서 보여주는 기여도를 고려하지 않는다는 말과도 같다. 현실 경제에서 분배의 공평성을 요구할 때는 생산에의 기여도를 고려하지 않을 수 없다. 베짱이와 개미를 똑같이 대우할 수는 없는 것이다. 이러한 점을 고려하지 않은 폴리의 이론은 비현실적이다. 아무도 다른 사람을 부러워하지 않는 상태란 현실에서 존재하기 힘들 것인데, 이를 더욱 정치하게 분석한 사람이 드워킨이다.

③ 드워킨의 자원의 평등분배론

폴리는 생산 과정을 고려하지 않았고, 롤즈는 자발적인 선택과 선천적인 장애 문제를 분석하지 않았다. 이 두 사람이 해결하지 못한 문제에 대한 이론적 해결책을 제시한 사람이 드워킨Ronald Dworkin이다.[48] 드워킨은 **선망 시험**envy test을 통과한 분배가 평등한 분배라고 보았다. 선망 시험을 통과한 분배란 아무도 다른 사람의 몫을 부러워하

---

47 H. R. Varian(1974), 63~91쪽.

지 않는 상태를 말한다. 이는 앞서 본 폴리의 자족 개념을 빌려 온 것이다. 드워킨은 폴리의 자족 개념에 가상적 경매와 가상적 보험제도라는 개념을 추가해서 새로운 평등분배론을 제시하였다. 매우 복잡한 그의 이론의 핵심만 보기로 한다.

그는 가상적인 최초의 분배를 **가상적 경매**hypothetical auction에서 시작한다. 이 경매에서 모든 사회 구성원에게 동일한 액수의 돈을 나누어 준 뒤에 경제 내의 모든 자원을 경매를 통해 분배한다. 여기서 자원이란 모든 종류의 토지를 비롯해 장차 돈벌이나 소비에 사용할 수 있는 모든 자원을 말한다. 그러면 사람들은 자신이 원하는 직업과 소비를 고려해서 자원들을 경매를 통해 구매할 것이다. 이 경매는 완전한 경쟁시장이고, 모든 사람이 갖고 있던 돈을 다 써서 없애는 것과 동시에 모든 자원이 사람들에게 완전히 팔릴 때 끝날 것이다. 이 결과 경매가 끝난 다음에 각자 갖게 될 자원의 종류와 양은 다르지만 모든 사람이 동일한 돈으로 경매에 참여해서 자신이 원하는 것을 샀고, 각자가 가지고 있는 모든 자원의 총가치는 동일하므로 아무도 다른 사람을 부러워하지 않을 것이다. 즉 경매를 통한 최초의 분배는 선망 시험을 통과하는 평등한 분배다.

---

48 Dworkin, "What is equality? Part II: Equality of Resources", *Philosophy and Public Affairs*, 10 (1981) 3/4, 283~345쪽. Dworkin(2000), 65~119쪽 재수록. 염수균 역, 『자유주의적 평등』(한길사, 2005), 136~209쪽.

경매를 통한 최초의 자원 분배가 끝난 후 사람들은 자신들이 경매에서 획득한 자원들을 소비나 돈벌이에 사용할 것이다. 그 결과로 일정 기간이 지나면, 사람들이 갖게 되는 재산(자원과 돈)은 서로 다를 것이다. 이런 최초의 경매 이후의 평등분배를 판단하는 기준으로 드워킨은 '선택에 민감하다는'ambition-sensitive 것과 '재능에 둔감하다는' endowment-insensitive 두 가지 조건을 제시하였다. 선택에 민감하다는 말은 자신이 선택한 행동에 의해 발생한 차등분배를 인정한다는 말이다. 예를 들어 동일한 땅을 철수는 농사짓는 데 이용해서 돈을 벌었고, 영수는 자신이 좋아하는 정구를 치기 위한 정구장을 만들었는데, 그 결과로 일정 기간이 지나면 철수는 영수보다 더 많은 돈을 갖게 될 것이다. 이런 차등분배는 각자의 선택에 의한 것이므로 선망 시험을 통과할 것이다. 재능에 둔감하다는 것은 선천적인 재능의 차이가 분배에 영향을 미치지 말아야 함을 뜻한다. 선천적 재능이란 선천적인 장애를 포함하여 모든 선천적인 육체적·정신적 능력을 말한다. 이런 것들은 자신의 의사와 상관없이 주어진 것이고, 이로 인해 발생한 분배의 차별은 선망 시험을 통과하지 못할 것이므로 불평등한 분배다.

드워킨은 각자의 선택으로 인한 차등분배는 보상하지 않고, 선천적인 재능의 차이 때문에 나타나는 분배의 차이만을 보상하는 공공복지제도가 정의롭다고 보았다. 이를 그는 가상적인 보험 체계를 이용해서 설명하였다. **가상적 보험 체계**hypothetical insurance scheme란 사람들이 아직 자신의 선천적 재능이 어떻게 될지 모르는 상태에서 동등한 조건의 보험에 가입하는 가상적인 상태를 말한다. 이 상태에서 사람들은 자신의 선천적인 장애나 능력 부족에 대비하여 일정한 생활 수준을 보장하는 보험에 가입하는 데 찬성할 것이다. 드워킨은 이런 가상적 보험제도가 세금으로 운영되는 공공복지제도의 타당성을 설명할 수 있다고 보았다. 즉 사람들이 이런 가상적 보험제도에 찬성한다면 세금을 걷어서 선천적인 장애인이나 소득이 낮은 사람들을 지원하는 공공복지제도에 찬성할 것이라는 뜻이다.

드워킨의 이론이 발표된 이후 지난 20년 동안 거의 모든 평등분배론이 드워킨의 이론을 출발점으로 삼을 정도로 그의 평등분배론은 큰 영향을 미쳤다.

(5) 노직의 소유권적 분배정의론

롤즈와 드워킨의 분배정의론은 모두 공공복지제도를 통한 소득 재분배를 강력히 주장한다. 이들은 자본주의 경제에서의 분배가 기본적으로 불평등하다고 본다. 그러나 이와는 달리 자본주의 경제에서의 분배가 각자의 경제에 대한 기여를 반영하는 공정한 분배라고 보는 견해도 있다. 앞서 본 한계생산력설이 그것이다. 롤즈의 이론이 등장한 이후 이런 입장에서 롤즈를 비판하고 사유재산에 기초한 자본주의 경제에서의 분배가 공정하다고 주장한 대표적인 이론이 롤즈의 하버드대학 철학과 동료였던 노직의 **소유권적 분배정의론**entitlement theory of distributive justice이다. 노직에 따르면 다음의 세 조건이 충족될 때 분배정의가 달성된다(Nozick, 151쪽).

1. **획득에서의 정의**justice in acquisition의 원칙에 부합하게 소유물을 획득한 사람은 그 물건을 소유할 권리가 있다.
2. 어떤 소유물에 대해 소유권이 있는 사람으로부터 **양도에서의 정의**justice in transfer의 원칙에 부합되게 물건을 양도받은 사람은 그 소유물을 소유할 권리가 있다.
3. 1과 2의 반복된 적용에 의하지 않고는 아무도 어떤 물건을 소유할 자격이 없다.

이와 같이 노직에 따르면 완전한 분배정의는 모든 물건이 각기 그 것에 대해 정당한 소유권을 가지고 있는 사람들에게 분배된 상태이다(위의 책, 151쪽). 이런 노직의 이론이 완성되려면, 정당한 소유권의 근거가 되는 획득에서의 정의와 양도에서의 정의의 내용이 구체적으로 명확하게 제시되어야 한다. 서로 간의 합의에 의한 자발적인 양도를 양도에서의 정의라고 볼 수 있다. 그러나 획득에서의 정의가 문제다. 노직은 로크가 예로 들었던, 바닷가에서 조개를 줍는 것처럼 아무에게도 피해를 주지 않고 얻은 것이 획득의 정의라고 말했다. 그러나 다른 사람과 아무 관계없이 이루어지는 획득은 별로 없을 것이다. 만일 다른 사람과 연관된 상황에서의 획득이라면, 다른 사람에게 아무런 피해를 주지 않는다는 조건을 구체적으로 명시해야 할 것이다. 그러나 애로가 지적한 바와 같이, 노직은 이를 제시하지 못하고 있다(Arrow,

1985, 177~178쪽). 노직의 이론은 사유재산권에 의한 분배가 정의로운 분배라고 말할 뿐, 사유재산권의 정당성을 뒷받침할 이론적 근거는 제시하지 못한다. 노직의 이론은 이론의 가장 핵심을 빈칸으로 남겨놓았다고 생각된다.

노직은 소유권의 자유로운 처분권을 침해한다는 이유로 재분배가 정의에 어긋난다고 비판한다(위의 책, 168쪽). 노직의 이론은 결국 사유재산권을 옹호하기 위한 것이며, 자본주의 경제에서 빈부격차를 공정한 분배로 옹호하는 것이다. 사유재산권은 자기 소유물에 대한 자유로운 처분권도 포함한다.

롤즈는 빈부의 차이가 극심해진 현대 자본주의의 개인주의를 평등주의적인 입장에서 비판하며 사회 구성원들이 함께 잘 살아가는 것이 정의라고 주장하였다. 그러나 자유지상주의자인 노직은 이와는 정반대로 인간 생활에서 공동체적인 측면은 무시하고 오직 개인의 사적 권리인 사유재산권의 절대성을 옹호하려고 한 이론이라고 평가할 수 있다.

4

분배정의의 세 원칙

 분쟁이 발생하는 기본 이유는 각자의 구체적 이해관계가 달라서 각자 자신의 이익을 더 증진시키려고 노력하기 때문이다. 따라서 각자가 자신의 구체적 이해관계를 떠나 공정한 입장에 서면 무엇이 옳은지 판단할 수 있을 것이다. 이렇게 각자 자신의 구체적 이해관계를 떠나 공정한 입장에서 판단하는 것, 이것이 곧 동서고금을 통틀어 정의에 관한 사고의 핵심이다. 롤즈의 '원초적 입장', 공리주의의 '공평한 관객', 그리고 입장을 바꾸어 생각한다는 동양의 '역지사지'易地思之 등이 모두 이를 나타낸다고 볼 수 있다.

 구체적인 자신의 이해관계를 떠나서 생각하더라도 무엇이 옳은 분배인가에 대해서는 앞 장에서 본 바와 같이 여러 견해가 존재한다. 공리주의와 롤즈의 견해를 비판적으로 종합하여 우리 경제의 입장에서 분배의 공평성을 정의해 보자.

공리주의의 장점은 상식적이고 실제적이라는 데 있다. 어떤 사회현상을 평가할 때 거기에 관련된 모든 사람의 이해득실을 종합하여 판단 기준으로 삼는다는 것은 매우 상식적이고 실제적인 사고방식이다. 그러나 이런 입장은 상이한 각 개인의 득과 실을 어떻게 객관적으로 합칠 것인가 하는 이론적인 단점과 다수를 위한 소수의 희생을 합리화시킨다는 단점이 있다.

반면에 롤즈의 분배정의론은 고전적인 사회계약론을 현대적으로 발전시켜 공리주의의 문제점들을 회피함으로써 명확한 분배정의의 개념을 제시하고는 있으나, 현실에 그대로 적용할 수 있을 만큼 구체적인 개념은 아니다. 롤즈 자신이 자신의 이론은 원칙에 관한 것이지, 이를 어떻게 실천할 것인가에 대한 이론은 아님을 인정하고 있다. 특히 롤즈의 정의론은 자본주의 경제체제를 분명하게 고려하지 않으며 생산 측면도 고려하지 않기 때문에, 현재 한국과 같이 경제성장이 분배정의 못지않게 중요한 나라의 입장에서는 롤즈의 정의의 두 원칙은 현실적 기준으로 미흡하다. 이러한 점들을 고려해서 민주주의와 자본주의적 경제체제를 바탕으로 하는 발전도상국으로서의 한국 경제에 적합한 분배정의의 조건을 구체적으로 제시해 보고자 한다. 여기서의 논의는 분배의 공평성을 분배정의로 파악하고자 하는 점, 그리고 정의를 개인의 구체적인 이해관계를 떠났을 때 누구나 옳다고 인정할 수 있는 공평성에서 찾고자 한 점에서 기본적으로 롤즈와 동일하게 사회계약론의 방법론에 따른다.

우리는 자본주의 경제체제를 기본적으로 인정하면서, 자유·평등·박애라는 민주주의의 기본 이념과 부합하며, 동시에 경제성장과 양립할 수 있는 분배정의의 조건들 내지 원칙들을 모색해 보고자 한다. 민주주의, 자본주의 및 경제성장을 기본 전제로 하고, 각자 개인의 이해관계를 떠나서 공정한 입장에 서면 다음과 같은 세 가지가 분배정의의 조건이라는 데 동의할 수 있을 것이다. 즉 다음의 세 조건을 **분배정의의 세 원칙**이라고 부르자.

(1) 생산 기여도에 따른 차등분배(기여도 원칙)

첫 번째 원칙은 생산에 기여한 것에 비례해서 각자의 분배 몫이 결정되어야 한다는 것이다. 이를 **기여도 원칙**이라고 부르자. 근면과 창의력으로 사회의 생산에 크게 기여한 사람은 많이 받고, 기여가 적은 사람은 적게 받는 것이 정의에 합당하다. 아리스토텔레스는 "같은 것을 다르게 대우하는 것도, 다른 것을 같게 대우하는 것도 모두 정의롭지 못하다"고 말하였다(Aristotle, 최명관 역, 149쪽). 즉 같은 것은 같게, 다른 것은 다르게 대우하는 것이 정의에 부합한다. 베짱이와 개미가 똑같은 몫을 분배받는 것은 부당하다. 만일 생산에의 기여도에 상관없이 똑같이 분배받는 것이 옳다고 하면 무위도식도 정당하다는 잘못된 결론이 도출된다.

이 원칙은 자본주의 경제에서만이 아니라 모든 경제체제에 적용할수 있는 일반적인 적용성을 갖고 있다고 생각된다. 그러나 이를 실현시킬 수 있는 구체적 조건은 경제체제에 따라서 달라질 것이다. 우리가 살고 있는 자본주의 경제에서 이 원칙을 실현시키기 위해 다음과같은 두 가지 조건이 필요하다고 생각된다.

첫째로 생산적 소득만 인정하고 부정부패를 통한 음성 수입과 같은비생산적인 소득들은 발생하지 않도록 해야 할 것이다. 사유재산제도를 인정하는 자본주의 경제에서는 임금만이 아니라 이자, 임대료, 이윤및 지대 같은 재산소득도 생산에 기여한 정상적인 소득이지만, 뇌물 같은 부정한 소득은 비생산적 수입이므로 정당성을 인정할 수 없다.

그러나 부동산이나 주식 같은 자산의 가격 상승으로 인한 **투기이득**,[49] 즉 **자본이득**capital gains을 생산적인 소득으로 볼 것이냐는 어려운문제다. 원칙적으로 자본이득은 생산에 기여하지 않고 얻은 소득이므로 기여도 원칙에 따르면 인정할 수 없는 이득이다. 그러나 자본주의경제에서 주식이나 부동산의 가격 상승 이득을 인정하지 않으면 주식시장과 부동산 시장 자체가 존재하기 힘들 것이다. 이런 점을 고려하면 자본이득을 전면 부인하기는 힘들고, 현실 상황을 고려하여 적정한 세율로 자본이득을 환수하는 것이 불가피할 것 같다.

---

49 경제학 이론에서는 임대료, 이자, 이윤 배당금과 같은 요소소득을 얻을 목적으로 자산을 구입하는 것을 투자investment, 가격 상승 이득을 목적으로 자산을 구입하는 것을 투기speculation라고 한다. 그러나 현실에서 이 둘을 구분하기는 쉽지 않다.

둘째로 생산물 시장과 생산요소 시장(노동 시장이나 부동산 시장 등) 및 금융 시장이 완전경쟁시장에 가까워야 할 것이다. 자본주의 경제에서는 시장가격기구만이 각자가 사회와 경제에 기여한 바를 객관적으로 측정한다고 볼 수 있는 유일한 기구이기 때문이다.

(2) 절대빈곤의 퇴치(기본재 충족의 원칙)

분배정의의 두 번째 원칙은 절대빈곤의 퇴치다. 즉 모든 사람에게 인간으로서 생활하는 데 필수불가결한 최소한의 재화인 **기본재**basic needs는 최소한 공급되어야 할 것이다. 기본재는 인간으로서 생활을 유지하는 데 필요한 최소한의 의식주, 의료, 교육 및 교통으로 구성된다. 이것은 경제적인 면에서의 최소한의 기본적 인권을 충족시킴을 의미한다.

앞의 기여도 원칙에만 따르면, 기본재를 획득하는 데 필요한 만큼 생산에 기여하지 못한 사람은 기본재를 획득하지 못함으로써 인간으로서의 생활을 유지할 수 없게 된다. 이 중에는 능력은 있으나 의사가 없어서 생산에 대한 기여가 부족한 사람도 있을 것이고, 노약자나 연소자, 장애자, 실업자 등과 같이 능력이나 기회가 없어서 생산에 기여하지 못하거나 조금밖에 기여하지 못한 사람들도 있을 것이다. 그러나 이유 여하를 막론하고 모든 사람에게 최소한 인간으로서의 생활을 보장하는 것은 공동체의 당연한 의무라고 생각된다. 왜냐하면 사람들이 공동체를 형성해서 함께 살아가는 최소한의 이유가 인간으로서의 생활을 유지하기 위해서이기 때문이다. 누구나 사회 형성에 찬성할 때는 사회의 형성을 통해 최소한의 인간 생활을 보장받기를 원할 것이다. 롤즈의 표현 방식을 빌리면 앞으로 자신의 능력과 지위 등 구체적인 여건을 전연 모르는 원초적 입장에서는 누구나 인간으로서의 최소한의 생활은 보장되길 원할 것이다. 밀의 말과 같이 죄를 짓고 감옥에 수감된 죄수에게도 의식주를 주면서, 죄도 짓지 않은 사람에게 의식주를 주지 않고 죽어 가도록 방치하는 것은 옳지 않을 것이다(Mill, 『경제학원론』, 962쪽).

이 원칙은 사회의 생산물 분배는 공공복지제도를 통해 모든 구성원에게 기본재를 공급하는 것을 최우선으로 보장해야 함을 의미한다. 이 원칙에서 보면 사회의 일부에 절대빈곤이 존재하는 사회에서 이루어지는 지나친 사치와 향락은 인정받기 힘들다. 기본재 공급이 최우선이므로 지나친 사치와 향락에 사용되는 돈은 기본재를 공급하는 것으로 전환됨이 옳을 것이다.

이 원칙에서 문제가 되는 것은 기본재의 수준을 어느 정도로 잡을 것이냐 하는 점이다. 이는 그 사회의 생산물에 따라서 두 가지로 해석할 수 있다. 하나는 생존에 필요한 정도로 해석하는 것이고, 둘은 인간으로서의 기본 생활에 필요한 정도로 해석하는 것이다. 전자는 생명을 유지하는 데 필요한 최소한의 의식주와 의료를 말하며, 후자로 해석한 기본재는 인간으로서의 최소한의 존엄성을 유지할 수 있는 수준의 의식주와 의료, 교육 및 교통을 포함할 것이다. 생산력이 낮은 사회에서는 전자로, 생산력이 높은 사회에서는 후자로 기본재를 해석해야 할 것이다.

(3) 기회균등의 제공(기회균등 원칙)

민주 사회에서의 평등은 **기회균등**equal opportunity이다. 앞의 기여도 원칙에 따른 차등분배가 공평한 분배로 사회 구성원들에게 인정받으려면, 모든 구성원에게 자신의 능력과 창의력을 발휘할 수 있도록 동등한 기회가 주어져야 한다. 차별적인 결과가 공정한 것으로 인정되려면 모든 사람에게 참여의 기회가 균등하게 주어져야 한다. 균등한 참여 기회를 갖지 못한 사람에게 차별적인 결과를 인정하라고 요구하는 것은 불공정하다. 이 원칙은 모든 경제체제에 적용할 수 있을 것이다.

이 원칙을 자본주의 경제체제에 적용해 보자. 자본주의 경제에서 정당한 소득은 생산에 생산요소를 제공하고 얻는 **요소소득**factor income이다. 요소소득에는 임금이라는 노동소득과 이윤, 이자, 지대, 임대료 및 특허료 등의 재산소득이 있다. 선천적인 재능을 제외하면 노동소득은 기본적으로 교육에 의해 결정되고, 재산소득은 기본적으로 부모로부터의 상속에 의해 결정된다. 따라서 자본주의 사회에서 소득 획득의 기회균등이란 결국 교육과 상속에서의 기회균등을 의미한다.

(4) 세 원칙의 음미

분배의 공평성에 관한 우리의 세 원칙을 현실에 실천하기 위해서는 이 세 원칙이 서로 배타적이 아니며, 또한 자본주의 경제, 민주주의 이념 및 경제성장이라는 전제 조건들과 부합해야 한다. 이를 생각해 보자.

① 세 원칙의 병행 가능성

만일 세 원칙이 상호 배타적이라면 세 원칙은 동시에 모두 충족될 수 없으므로 우리의 공정한 분배는 실현될 수가 없다. 그러나 우리의 세 원칙은 상호 보완적임을 쉽게 알 수 있다. 어느 한 원칙의 시행이 다른 원칙의 시행을 배제하지 않는다. 일단 모든 구성원에게 교육과 상속에서 동등한 기회를 준 다음, 각자 자신이 받은 교육과 상속을 이용해 생산에 참여하게 하며, 그 결과로 산출된 사회의 총생산물을 그 사회에서 합의된 기본재의 수준으로 우선 모든 사람에게 나누어 주고, 나머지 생산물은 각자의 생산에 대한 기여도에 비례해서 분배하면 된다. 이상과 같이 우리의 세 원칙은 개념상 배타적이 아닐 뿐 아니라, 뒤에서 보는 바와 같이 현실의 정책 수단 수준에서는 오히려 상호 보완적이다.

② 세 원칙과 민주주의의 이념

민주주의의 이념은 자유, 평등, 박애이다. 우리의 세 원칙은 각각 이 세 이념과 상응한다. 기여도의 원칙은 자유의 이념을 분배에 적용한 것이다. 생산에의 기여도는 근면과 창의력을 기본으로 한다. 생산에 대한 기여에 따른 차등분배라는 제1원칙은 근면과 창의력에 동기를 부여함으로써 각자로 하여금 자신의 교육과 재산을 이용해 근면과 창의력을 바탕으로 자유롭게 생산에 기여할 것을 촉진시킨다.

기회균등의 원칙은 이미 지적한 바와 같이 민주주의에서 주장하는 만인평등의 원칙을 분배에 적용한 것이다.

박애의 이념은 빈곤 퇴치의 원칙에 구현되어 있다. 여유가 있는 사회 구성원들이 어려운 사람들에게 기본재를 나누어 주는 것은 박애의 이념을 실천한 것이라고 하겠다.

③ 성장의 촉진

성장과 공정분배가 상충 관계에 있다는 것은 고전학파 이래로 오늘날에 이르기까지 현대 경제학에서 일반적으로 인정되는 명제다. 우리나라에서도 지난 수십 년간의 경제성장 과정에서 이러한 논리가 널리 받아들여져 왔다. 그러나 이 주장은 공정분배를 균등분배로 잘못 파악하고 있다고 생각된다. 단순한 균등분배는 성장을 방해할 것이다. 그러나 분배정의의 세 원칙은 전반적으로 볼 때 성장을 방해하는 것이 아니라 오히려 촉진시킬 것이라고 생각된다. 세 원칙의 성장에 대한 영향을 하나씩 고찰해 보자.

생산에 대한 기여도에 따른 차등분배의 원칙은 다음과 같은 두 가지 이유로 성장을 크게 촉진시킬 것이 명백하다. 우선 이 원칙은 모든 사람으로 하여금 열심히 생산에 기여할 동기를 제공한다. 흔히 이상적인 분배 방식이라고 일컬어지는 능력에 따른 생산과 필요에 따른 분배란 인간 세상에서는 가능하지도 않고 바람직하지도 않다. 사회주의 국가들의 붕괴에서 알 수 있는 바와 같이, 일한 것에 상관없이 분배를 받는다면 대부분 열심히 일하지 않을 것이다. 각자 자기가 일한 대가를 물질적으로 보상받도록 하여 사람들로 하여금 열심히 일하게 함으로써 그 어느 경제체제보다 경제성장을 빠르게 한다는 것이 자본주의 경제의 최대 장점이다. 우리의 차등분배의 원칙은 바로 이러한 자본주의의 장점과 일치한다.

기여도의 원칙이 성장을 촉진시키는 두 번째 이유는 자금이 비생산적인 투기로 흐르는 것을 막고 생산적인 투자를 촉진시킨다는 것이다. 현실에서 투기이득을 완전히 환수할 수는 없지만, 환수되는 것에 비례해서 비생산적인 투기로는 돈 버는 것이 힘들어지므로 자금은 생산적인 투자로 흘러 생산이 장려될 것이다.

분배정의의 두 번째 원칙인 기본재 충족의 원칙은 성장에 부정적인 영향을 미칠 것이라고 생각하기 쉽다. 기본재는 모두 생산재가 아니라 소비재이므로 기본재 충족은 분명히 투자를 감소시키는 면이 있다. 그러나 동시에 기본재의 충족은 노동력을 건강하게 하고 교육 수준을 높임으로써 노동생산성을 향상시키는 효과도 있다. 1970년대에 활발하게 이루어진 기본재에 관한 여러 경험적 연구들을 볼 때, 전반

적으로 기본재 충족은 노동생산성을 증대시킴으로써 성장을 촉진한다고 결론을 맺고 있다.[50]

분배정의의 세 번째 원칙인 기회균등의 원칙도 크게 보아 성장에 방해가 되지 않는다고 생각된다. 교육에서의 기회균등은 국민들의 전반적인 교육 수준을 높이기 때문에 분명히 성장에 긍정적인 효과를 나타낼 것이다. 상속에서의 완벽한 기회균등은 근로와 저축 의욕을 떨어뜨림으로써 성장에 부정적인 영향을 미칠 소지가 있다. 그러나 적정한 세율로 상속세를 부과하면 근로와 저축 의욕을 크게 위축시키지 않을 것이다.

이상에서 보아 온 바와 같이 분배정의의 세 원칙 중 첫 번째 기여도의 원칙은 명백하게 성장에 기여하며, 두 번째 기본재 충족의 원칙도 경험적으로 보아 성장에 긍정적이고, 세 번째 기회균등의 원칙도 성장과 배치되지 않는다고 볼 수 있다. 따라서 분배정의의 세 원칙은 종합적으로 보아 경제성장을 촉진시킨다고 평가할 수 있다.

---

50 대표적인 연구 결과로 다음이 있다. ILO(1976), A. K. Sen(1983).

분배정의 실현을 위한 정책 수단

비생산적 이득의 환수

기여도의 원칙을 실현하기 위해서는 생산에 기여함이 없거나 생산을 저해하는 부정한 음성소득을 없애고, 투기이득(자본이득)은 세금을 부과하여 적절하게 감소시켜야 할 것이다. 음성소득을 근절시키는 것은 경제적이기보다는 윤리적인 문제이므로 여기서는 논외로 한다. 앞서 본 바와 같이 자본주의 경제에서 투기이득을 완전히 부정하기는 곤란하므로 가능한 한 적정 수준으로 줄이기 위해 투기이득을 적정한 세율의 세금으로 환수할 필요가 있다. 세율을 얼마로 정할 것이냐는 구체적인 경제 여건에 따라서 달라질 것이다.

자산 중에서 건축물과 같은 자산은 인간의 생산 활동에 의해 공급이 증가할 수 있고, 따라서 가격 상승이 공급을 증대시킬 수 있다. 이러한 자산의 자본이득을 전액 세금으로 환수하는 것은 공급 부족을 야기시킬 염려가 있다. 따라서 이 경우에는 부분적으로만 세금을 부과해 자본이득의 일부를 인정하는 것이 현실적으로 바람직할 것이다. 증권도 마찬가지다. 증권의 가격 상승은 기업의 자본 조달을 용이하게 해서 실물 투자를 촉진시키므로, 증권의 가격 상승으로 인한 자본이득은 전액 세금으로 환수하는 것보다 일부만 세금으로 환수하는 것이 현실적으로 바람직하다.

자본이득을 과세하는 데 대한 유력한 반론은 자본이득에 세금을 부과한다면 반대로 자본 손실에 대해서는 정부가 보상금을 지급해야 공정할 것이므로, 정부가 자본 손실에 대해 보상금을 지불하지 않는 한 자본이득을 세금으로 환수하는 것은 부당하다는 것이다. 이 주장은 일리가 있다. 이 주장을 인정하더라도 현재 우리나라의 토지와 같이 가격 상승이 공급을 별로 증가시키지 않으면서 가격 상승이 심한 자산에 대해서는 자본이득의 적정 부분을 세금으로 환수할 필요가 있다.

완전경쟁시장 조성

생산물 시장과 생산요소 시장이 완전경쟁시장에 가까울수록 요소 가격은 각 생산요소의 생산에 대한 기여를 보다 정확하게 반영할 것이다. 따라서 생산과 수요에서의 독과점, 불완전한 정보, 가격의 경직성, 외부성 등 시장의 실패를 야기하는 요인들을 가능한 한 축소해야 할 것이다.

물가안정

인플레나 디플레에 의해 발생하는 재분배는 생산에 대한 기여와 전연 상관없이 이루어지는 것이다. 인플레와 디플레는 현실 경제에서 불공정한 분배를 야기시키는 가장 중요한 요인 가운데 하나다. 물가안정은 분배정의를 실현하기 위한 가장 중요한 전제 조건의 하나이다.

적정한 상속세 부과

기회균등의 원칙에 입각하면 100퍼센트의 상속세를 부과해야 하지만, 이는 인간의 본성을 무시함으로써 생산을 감축시킬 위험이 높다. 따라서 세상을 떠날 때 일정한 수준 이상의 재산 중 반은 사회에 환원하고 반은 자식에게 상속하는 50퍼센트 정도의 상속세가 타당하다고 생각된다.

어떤 개인이 평생 축적한 재산은 자신의 노력과 재능 덕분이기도 하지만, 사회가 존재함으로써 축재가 가능했으므로 사회에 반을 반납하는 것이 적당하다고 생각된다.

공공복지제도

소득이 부족한 사람들에게 국가가 기본재를 제공하는 공공복지제도는 빈곤 퇴치의 원칙을 실현하기 위해서 꼭 필요하다. 또한 이는 드워킨이 말한 것처럼 선천적인 장애와 같은 불공정한 자원 배분을 시정하는 일이기도 하다. 복지정책에는 무상교육도 포함되므로 이는 동시에 기회균등의 원칙을 실현하는 데도 기여한다. 공공복지정책을 실시하는 데 가장 문제가 되는 것은 재원 조달이다. 이는 앞의 자본이득 과 재산, 상속 및 소득에 대한 누진과세로 조달될 수 있을 것이다.

6

결론

흔히 생각하는 것과 달리 자유와 평등은 상호 갈등 관계에 있지 않다. 본원적 평등은 자유의 정당성이 도출되는 근거이며, 사회적 평등은 자유를 현실에서 실현하는 수단이다. 단지 경제적 분배의 평등만이 자유와 갈등 관계에 있다.

경제적 분배의 평등(분배정의)은 필연적으로 가치판단을 수반하는 개념이므로 객관적으로 타당한 정의가 하나만 존재한다고 보기는 곤란하다. 이 때문에 근대 경제학은 이 개념을 명확히 규정하는 것을 피해왔으며, 지금까지 여러 정의가 존재해 왔다.

그러나 효율성과 더불어 분배의 공평성이 국민들의 경제적 후생을 극대화시키는 조건의 하나이며, 현실적으로 어떤 정부도 분배정책을 회피할 수 없다. 더욱이 현재 우리나라에서는 분배 개선이 가장 시급한 경제정책의 목표 중 하나로 널리 인정되고 있으므로, 분배정의의 구체적인 내용을 어느 정도 분명하게 규정하는 것이 시대적으로 강력하게 요청된다.

이 글에서는 분배의 공평성에 관해 지금까지 나온 대표적 입장인 공리주의와 한계생산력설, 파레토 최적, 폴리의 자족, 롤즈의 분배정의론, 드워킨의 자원의 평등분배론 및 노직의 소유권적 정의론을 비판적으로 검토한 다음, 주로 롤즈의 방법을 이용해서 자본주의제도와 민주주의의 세 이념 및 경제성장과 부합하며, 한국 사회의 현실에 적용 가능하다고 생각되는 분배정의의 구체적인 내용을 제시하였다. 즉 생산에 대한 기여도에 비례한 차등분배(기여도 원칙), 절대빈곤의 퇴치 (기본재 충족의 원칙) 및 교육과 상속에서의 기회균등(기회균등 원칙)이라는 세 조건이 모두 충족된 분배 상태가 현실에 적용할 수 있는 분배정의로 제시되었다. 그리고 이를 실현시키기 위한 정책 수단으로는 자본이득의 환수, 시장의 실패의 시정, 물가안정, 적정한 세금 및 공공복지제도의 확대가 제안되었다.

이 글에서 제시한 분배의 공평성에 대한 정의와 정책 수단들은 물론 개괄적인 것이며, 그 구체적 내용은 앞으로의 연구 과제임은 말할 나위가 없다.

3장

자유주의의 한계와 상생의 원리

자유주의가 추구하는 가장 중요한 원리는 개인의 사회적 자유를 보장하는 것이다. 이 원리로 근대 자본주의 사회는 불과 300~400년 정도의 짧은 세월 동안에 민주주의와 법치주의, 자본주의라는 근대 사회질서를 건설하여 그 이전 수천 년간 인류가 달성해 왔던 것보다도 더 큰 문명의 발전을 이룩하였다. 이는 비단 경제에만 해당하는 것이 아니라, 정치와 문화 등 사회 전반에 걸쳐 해당된다고 볼 수 있다. 이처럼 자유의 원리는 대단한 힘을 지녔다고 볼 수 있다. 그러나 자유의 원리는 분명한 한계를 갖고 있으며, 이 한계는 세월이 흐를수록 더욱더 심각하고 분명하게 나타나는 것 같다. 자유의 원리만으로는 인간소외나 윤리의 타락, 사회 갈등, 자연 파괴와 같은 현대 인류가 당면해 있는 심각한 문제들을 해결할 길을 찾기 힘들다. 이런 문제들을 해결할 수 있는 또 하나의 원리가 필요한데, 그것은 상생의 원리라고 생각된다. 이 장에서는 자유주의의 주된 한계는 개인주의의 한계이며, 이를 극복하기 위해서는 상생의 원리로 자유의 원리를 보완해야 함을 고찰하고자 한다.

I

자유주의 비판

다른 이념처럼 자유주의도 여러 가지 비판을 받아 오고 있다. 자유주의는 계급성과 반동성을 갖고 있으며, 경제적 자유주의가 지지하는 자유방임의 자본주의는 빈부 양극화, 불황과 실업, 공해의 발생, 인간 소외, 윤리 타락과 같은 자본주의의 실패라는 문제를 안고 있다. 이 때문에 역사적으로 자본주의 경제에서는 개입주의 경제정책과 자유방임 경제정책이 교대로 채택되어 왔다.[51] 자유주의의 한계는 이것만이 아니다. 자유주의의 한계를 알기 위해 먼저 자유주의에 대한 비판을 고찰해 보자.

---

51 자본주의 경제에서 자유방임주의정책과 개입주의정책이 교대해 온 것에 대해서는 이근식 (2005)의 3장 참조.

(1) 자유주의와 궁극적 가치

서병훈(2001)도 지적한 바와 같이, 자유주의는 인간이 추구할 궁극의 가치를 제시하지 않기 때문에 사람으로 하여금 가치상대주의나 허무주의에 빠져 공허함 속에서 방황하게 할 위험이 있다. 자유란 그 자체가 목적이 아니라 자신이 선택한 목표를 추구할 수 있는 수단에 불과하므로, 자유주의는 인생의 목표를 제시해 주지 않고 스스로 찾도록 개인의 자유에 맡길 뿐이다. 우리는 주위에서 자유를 주체하지 못해 방탕이나 나태 또는 허무에 빠지는 사람들을 많이 본다. 사람에게는 자유만이 아니라 자유를 이용하여 추구할 목표가 있어야 하지만, 자유 그 자체는 사람에게 추구할 목표를 제시하지 않는다.

그러나 자유주의의 이런 한계는 자유주의의 약점이 아니라 오히려 장점일 것이다. 이 한계 덕분에 문명사회의 필수 요건인 가치와 문화의 **다원주의**pluralism가 존립할 수 있기 때문이다. 자유주의가 주장하는 바와 같이 타인에게 부당한 피해를 입히지 않는 한, 다양하고 자유로운 가치관을 인정하는 다원주의는 사회의 평화와 번영을 위한 필수 조건이다. 사람마다 생각이 다른 것은 당연하므로, 롤즈가 지적한 바와 같이 다양한 가치관을 인정하는 다원주의는 다양한 사람들이 평화롭게 함께 살아가는 민주 사회의 필수 조건이다(Rawls, 정동진 역, 1999, 서문). 뿐만 아니라 사람마다 목표와 가치관과 취향이 다른 것은 모두에게 이익이다. 하이에크의 말처럼 "위대한 사회에서는 개인들의 목표가 상이함에도 불구하고가 아니라 바로 상이하다는 이유 때문에 상이한 구성원들은 서로의 노력으로부터 이익을 얻는다"(Hayek, LLL2, 110쪽). 사람들 간에 목표가 다르기 때문에 다양한 직업이 존재하고 그 덕분에 분업과 교환이 이루어져서 모든 사람이 독립적으로 살 때보다 훨씬 더 풍요롭게 살 수 있다. 이런 경제적 이유만이 아니라 다양성이야말로 문화의 핵심이다. 인류 문화가 이처럼 발전해 온 것은 사람과 시대와 나라에 따라 다양한 생각이 존재해 왔기 때문이다. 문학, 미술, 음악, 연극 등 모든 예술은 대부분 자유로운 사회에서 발전해 온 반면에 획일적인 생각을 강요하는 전체주의적인 사회에서는 단조로움을 면치 못한다. 자유주의가 확립된 근대 이후의 예술이 그 이전보다 훨씬 다채롭게 발전해 왔다. 인생의 목표는 각자 스스로 자유롭게 찾는 것이 당연할 것이다. 어떤 하나의 가치만이 강요되는 획일적인 사회는 삭막할 뿐만 아니라 정체와 퇴행을 면치 못할 것이다. 자유주의가 개인들에게 삶의 목표를 제시해 주지 않는다는 것은 자유주의의 한계가 아니라 오히려 장점이다.

(2) 사회주의자들의 비판

자유주의에 대한 가장 거센 비판은 사회주의자들의 비판이다. 사회주의는 자유의 원리 대신에 평등의 원리를 주장하면서 등장하였다. 만인평등의 원리는 자유주의의 기본 원리 가운데 하나이다. 그러나 사회주의자들은 자유주의에서 말하는 본원적 평등과 사회적·법적 평등은 형식적인 평등에 불과하고, 진정한 평등인 분배에서의 평등이 결여되어 있다고 비판한다. 이에 대해 자유주의자들은 흔히 기회의 평등이 진정한 평등이라고 자신들을 옹호해 왔다.

그러나 자유주의자들이 말하는 기회의 평등은 옹색한 면이 있다. 자유주의자들이 지지하는 자본주의 사회에서의 기회의 평등이 진정한 기회의 평등이라고 보기는 어렵기 때문이다. 자본주의 사회에서의 분배에 대해서는 비단 사회주의자만이 아니라 양심적인 사람은 누구나 불공평하다고 생각하지 않을 수 없다. 사회주의를 비판했던 자유주의자 밀도 "가장 큰 몫은 전연 일하지 않는 사람들에게, 그 다음으로 큰 몫은 거의 형식적으로만 일하는 사람에게 돌아가며, 이처럼 거꾸로 된 순서로, 일이 힘들고 혐오스러워질수록 분배는 적어져, 육체적으로 가장 고되고 사람을 마모시키는 일을 하는 노동자는 생존 유지에 필요한 생필품마저 얻는 것이 불확실하다"고 자본주의 경제에서의 분배를 강하게 비판하였다(MIll, 『경제학원론』, 207쪽).

자본주의의 불공평한 분배를 비판하는 많은 지식인들이 민주적인 정치제도와 사회주의 경제체제를 합한 **민주사회주의**democratic socialism(또는 사회민주주의)[52]가 이상적인 사회질서라고 생각하는 경우가 적지 않다. 예를 들어 애로[53]는 민주사회주의가 이상적인 사회제도일 수 있음을 인정했고(Arrow, 1985), 롤즈는 민주주의가 실현되면 경쟁적 시장경제와 사회주의 경제 모두에서 자신의 분배정의가 실현될 수 있다고 보았으며(Rawls, 1971, 265~274쪽), 왈쩌도 민주사회주의가 적절한 사회체제라고 말하였다(Walzer, 정원섭 외 역, 481쪽).

　그러나 완전한 사회주의 경제는 불완전한 인간들이 실현하기도 힘
들고, 실현하더라도 유지하기 힘든 이상이지 자본주의에 대한 현실적
대안은 아닌 것 같다. 붕괴된 소련과 동구의 사회주의 경제에서 본 바
와 같이, 사회주의를 실현할 만큼 사람들의 윤리의식이 높지 않은 상
태에서 사회주의를 도입하면 마르크스가 기대했던 지상낙원이 오는
것이 아니라, 생산성의 하락을 비롯해 권력투쟁, 권력에 따른 불공평
한 분배, 개인의 자유 박탈 등이 나타나기 때문이다.

　그러나 현실의 경제를 보면 사회주의적인 요소가 어느 자본주의 국
가에든 상당히 존재한다. 경제 중에서 정부부문이 바로 사회주의적인
부문이다. 사회주의 경제의 특징은 재산공유제와 중앙 계획 당국의
사전 계획에 의한 경제 운영인데, 자본주의 국가에서도 정부부문은
이 두 가지 특징을 모두 가지고 있다. 정부 재산은 공유 재산이며, 정
부의 모든 활동은 사전에 정부가 작성한 예산이라는 계획에 따라 운
영된다. 즉 현실에서 자본주의 국가도 민간부문만 자본주의 방식에
의해 운영될 뿐, 정부부문은 사회주의 방식에 의해 운영되고 있다. 그

---

52 여기서 정의한 것처럼 100퍼센트 사회주의 경제는 아니지만, 스웨덴이나 독일, 프랑스처럼
　　사회주의 경제의 요소가 상당히 높으면서 민주주의를 실시하는 나라들의 사회체제를 사회
　　민주주의 또는 민주사회주의라고 부르기도 한다.

53 Kenneth Joseph Arrow(1921~). 사무엘슨(P. A. Samuelson)과 더불어 제2차 세계대전
　　후 미국을 대표하는 경제학자. 1972년 노벨경제학상 수상.

리고 제2차 세계대전 이후 빈부격차와 불황, 환경 파괴, 공공재의 부족 등 시장의 실패를 치유하기 위해 정부의 역할이 증대됨에 따라 총국민소득 중에서 정부부문이 차지하는 비중이 점차 증가해 와서, 현재 서구는 40퍼센트가 넘고, 우리나라와 일본도 30퍼센트를 넘고 있다. 즉 현대의 자본주의 국가들은 100퍼센트 자본주의 국가는 아니며, 상당한 정도로 사회주의부문이 섞인 혼합경제 내지 **수정자본주의 경제**modified capitalism이다. 100퍼센트 완전한 사회주의 경제는 모든 나라에서 자본주의 경제의 대안이 될 수 없지만, 사회주의 경제는 모든 나라에서 부분적으로 현실의 경제에 존재하고 있다. 이런 점에서 자유주의에 대한 사회주의자들의 비판은 현실 경제 측면에서 상당히 받아들여지고 있다고 볼 수 있다.

(3) 공동체주의자들의 비판

자유주의에 대한 또 하나의 비판은 **공동체주의**communitarianism의 비판이다. 개인주의는 근대 자본주의 상공업자들의 세계관 내지 사회관인 데 비해, 공동체주의는 과거 자본주의 이전 공동체 시절의 세계관이라고 볼 수 있다. 동서양을 막론하고 자본주의가 성립되기 이전에 사람들은 마을이나 대가족과 같은 공동체를 이루어 주로 농사를 지으며 살았다. 이때는 공동체 구성원들의 단결과 협력이 생산을 위한 필수 요소였으며, 일상생활에서도 모두가 공동체 구성원의 일원으로 살았기 때문에 자연스럽게 자기 자신만이 아니라 다른 사람들을 배려하는 공동체 윤리가 형성되었다. 이런 사회에서 공동체를 무시하고 자기 자신만의 이익을 추구하는 개인주의적인 개별행동은 공동체의 운영과 안전을 위협하므로 비난받지 않을 수 없었다. 이후 공동체 사회가 자본주의 사회로 바뀌면서, 공동체주의 윤리도 자연적으로 개인주의 윤리로 대체되었다. 자본주의 사회에서는 개인들이 공동체의 일원이 아니라 자본가든 노동자든 각자 독립적인 개인으로 살아가기 때문이다. 즉, 공동체주의는 공동체 사회의 윤리인 반면 개인주의는 자본주의 상공업 사회의 윤리이다.

자유주의에 대한 공동체주의자들의 비판을 잘 요약한 왈쩌(Walzer, 1990)에 따르면, 자유주의에 대한 공동체주의자의 비판은 둘로 나눌 수 있다. 하나는 자유주의의 개인주의로 인해 근대 사회에서 인간소외가 발생하고 있다는 관점이다. 젊은 시절의 마르크스가 이의 대표적인 예다. 둘은 근대 사회에서도 사람들이 맺는 **유대**association에는 자유주의가 말하는 개인의 자발적인 선택에 의한 것만 있는 것이 아니라 가족과 같은 비자발적인(공동체적인) 유대도 존재하므로, 개인주의적인 입장에서만 사회를 이해할 수 없다는 것이다. 왈쩌가 지적한 바와 같이, 이 두 가지 비판은 논리적으로는 양립할 수 없다. 만일 첫 번째 비판의 주장대로 현대 사회가 모두 개인주의 사회라면, 두 번째 비판이 주장하는 것과 같은 비자발적인 유대는 현대 사회에 존재할 수 없기 때문이다. 그러나 현실적으로 이 두 비판은 모두 타당하다. 현대 사회가 모두 개인주의적인 자본주의 사회가 아니라, 과거의 공동체적인 사회와 함께 섞여 있기 때문이다. 공동체주의자들의 개인주의에 대한 두 가지 비판 중 첫 번째 것은 자본주의 사회에서의 인간소외를 지적하는 것이요, 두 번째 것은 인간의 사회성을 지적하는 것이라고 볼 수 있다. 사람들 간의 유대란 인간의 사회성으로 확대해서 생각할 수 있기 때문이다. 이와 같이 개인주의에 대한 공동체주의의 비판의 핵심은 자본주의 사회에서의 인간소외 문제를 간과하고 있다는 것과 인간의 사회성을 간과하고 있다는 것 두 가지이다.

이 중 사회성 문제는 다음 항에서 고찰하기로 하고, 먼저 공동체주의자들이 지적하는 **인간소외**의 문제를 생각해 보자. 다른 사람에게 부당한 피해를 주지 않는 범위에서 자신의 행복과 이익을 추구한다는 개인주의로부터 타인을 해치지 말라는 소극적인 윤리를 도출할 수 있다. 근대 자본주의 사회는 이런 개인주의에 입각해서 그 이전에 볼 수 없었던 경이로운 경제발전을 성취하였다. 자본주의 경제에서 상공인들은 개인주의에 입각해 서로 간에 부당한 피해를 입히지 않으면서, 그렇다고 다른 사람을 도울 필요도 없이 각자 자신만의 행복을 위해 열심히 일해서 돈을 벌어 저축도 하고 투자도 하고 새로운 기술을 개발하면서 경제발전을 달성해 왔다. 이런 경제발전의 토대 위에서 민주주의와 법치주의, 그리고 찬란한 근대 과학 문명과 문화를 꽃피워 왔다. 이런 개인주의는 남에게 의존하지 않고 혼자 힘으로 살아가는 자본주의 상공인들에게 당연한 것이었다.

그러나 개인주의는 자본주의 사회에서의 인간소외를 해결할 수 없고, 오히려 이를 조장하는 측면이 있다. **인간소외**란 추상적이고 어려운 말이지만,[54] 사람 간에 진정한 인간적인 만남이 소멸되는 현상, 사람이 사람을 단지 수단으로만 대하거나 적대적으로 대함으로써 사람 간에 진정한 인간적인 교류가 단절되어 정이 오고 가지 않는 현상, 그리하여 타인과의 만남이 고통스럽거나 아무런 의미가 없어지는 현상이라고 말할 수 있을 것 같다.

현대 사회에서 인간소외를 야기하는 것은 개인주의라기보다는 자본주의 사회 그 자체일 것이다. 자본주의 사회에서는 인간간에 진정한 만남을 갖기가 어렵기 때문이다. 자본주의 사회에서도 가족과 친구 같은 인간적인 관계는 존재하지만, 이는 자본주의적인 인간관계가 아니라 공동체적인 인간관계다. 자본주의적인 인간관계는 셋뿐인 것 같다. 하나는 경제적 이해관계가 일치해서 서로 거래하는 관계이며, 둘은 적대적인 경쟁 관계이고, 셋은 전혀 아무 관계없는 완전히 단절된 관계이다. 자본주의 경제에서 서로의 경제적 이해관계가 일치하면 자본주의적인 거래, 즉 고용이나 매매, 금전 차입과 같은 경제적 거래 관계를 맺는다. 이런 경제적 거래는 쌍방 모두에게 경제적 이익을 가져다준다. 그러나 이런 거래 관계는 모두 경제적 이익을 얻기 위한 거

---

54 소외(독일어 Entfremdung, Entausserung. 영어 alienation, estrangement)는 원래 헤겔과 마르크스가 사용한 추상적인 용어로 자기 본연의 모습이나 관계를 상실한다는 의미로 사용되었지만, 여기서는 이를 일반적이고 상식적인 의미로 사용하기로 한다.

래이지 인간으로서의 만남이 아니다. 또한 자본주의 시장경제에는 항상 경쟁자가 있다. 경쟁은 효율성의 어머니이긴 하지만, 나의 경쟁자는 내게 피해를 준다. 나의 경쟁자는 내가 돈 벌 기회를 빼앗아 가거나, 아니면 경쟁자 때문에 내가 이익을 낮추거나 손해를 보아야 한다. 나의 경쟁 기업은 내 손님을 나에게서 빼앗아 가거나, 아니면 나로 하여금 내 제품의 가격을 낮추도록 강제하거나, 아니면 내 제품의 품질을 향상시키기 위해 나로 하여금 더 비싼 부품을 사용하게 만든다. 경쟁 관계에 있는 근로자들 간에도 마찬가지다. 나와 경쟁 관계에 있는 근로자들 때문에 나는 내 요구를 자제할 수밖에 없다. 위의 두 경우가 아니면, 자본주의 사회에서는 서로 간에 완전히 단절된 관계, 교류가 전혀 없는 완전한 타인인 관계이다. 나와 거래할 필요도 나와 경쟁할 필요도 없으니 결국 나와 아무 관계도 없다. 자본주의 경제에서 대부분의 사람들의 관계가 이에 속한다. 이처럼 자본주의 사회에서 타인은 자기의 경제적 이익을 얻기 위한 수단이거나, 자신의 적이거나, 아니면 자기와 아무 관계가 없는 타인일 뿐이므로 인간소외가 필연적으로 발생할 수밖에 없다.

이상과 같이 자유주의의 개인주의가 현대 자본주의 사회에서 나타나는 인간소외의 문제를 간과하고 있다는 공동체주의자들의 주장은 올바른 지적이라고 생각된다. 이 문제들을 해결하기 위해 개인주의를 보완하는 다른 원리가 필요할 것이다.

2

공동의 갈등 문제

공동체주의자들이 지적한 또 하나의 문제인 인간의 사회성에 대해 생각해 보자. 공동체주의란 과거 공동체 사회에서의 윤리를 회복하자는 주장이며, 동시에 인간의 사회성을 강조하는 입장이라고 볼 수 있다. 사회주의도 공동체주의의 하나이다.

개인주의는 인간의 개인성만을 고려하는 반면 공동체주의는 인간의 사회성을 중시한다고 볼 수 있다. 모든 개인은 개인성(개체성)과 더불어 사회성이라는 또 하나의 측면을 가지고 있다. 모든 개인은 개인이면서도 사회의 일원으로 살아간다. **개인성**individuality이란 세상의 그 누구와도 다른, 독립된 개체로서의 개인의 존재성을 말한다. 이런 개인성은 그 누구도 대신해 줄 수 없다. 나의 생명과 육체, 인격, 감정은 나의 가족과도 독립된 것이며, 그 누구도 대신해 줄 수 없는 오직 나

혼자 감당해야 하는 것이다. 이 때문에 나의 모든 생활에서 나 자신을 스스로 지켜야 한다. 개인주의는 바로 이런 개인의 개체성을 중시한 입장이며, 개인의 개체성에서 보면 이는 당연하다. 그러나 모든 인간은 이와 동시에 **사회성**sociality을 가지고 있다. 자본주의 사회도 사회이므로 모든 개인은 자본주의 사회에서도 사회 구성원의 일원으로 살아간다. 사회가 있기 때문에 나의 생활이 가능하며, 또한 내가 살아가는 보람과 기쁨을 누릴 수 있다. 이런 인간의 사회성을 고려하면 개인주의의 한계는 분명하다. 개인주의는 인간의 사회성을 간과하고 있다.

인간의 사회성을 보여주는 것으로 공동의 문제를 들 수 있다. 개인의 힘만으로는 해결하기 힘든 문제를 통틀어 **공동의 문제**(공동의 사회 문제)라고 불러 보자. 사회 문제는 개인이 결정(선택)하는 문제와 사회 구성원들이 공동으로 결정(선택)해야만 하는 문제로 나눌 수 있다. 전자는 직업이나 종교 선택과 같이 혼자 결정하는 문제이며, 후자는 개인이 혼자 해결할 수 없고 여러 사람이 공동으로 해결해야 하는 문제이다. 경제학에서는 후자를 **사회적 선택**(집단적 선택 또는 공공 선택)**의 문제**라고 부른다. 종교나 직업의 선택, 시장에서의 매매 등은 본질적으로 개인이 독자적으로 선택하는 문제이다. 반면에 사회적 선택이 불가피한 문제들도 많다. 사회적 선택의 대상이 되는 문제들을 공동의 문제라고 부르자.[55] 시대나 체제에 상관없이 모든 문명사회가 당면하는 공동의 문제로는 사회질서 유지(국방·치안·사법)와 공공시설(교통 시설, 통신 시설, 상하수도 시설 등)의 건설, 교육 공급, 계급 갈등 완화, 최소한의 사회

보장 등이 있다. 과거의 봉건 경제나 현대의 사회주의 경제에서는 심각하게 나타나지 않았으나, 자본주의 경제에서 특히 심각하게 등장하는 문제인 자본주의의 실패에 대처하는 것도 공동의 문제다. 현재 신자유주의의 여파로 그동안 자본주의의 실패[56]를 어느 정도 완화해 오던 정부의 기능이 축소됨으로써 자본주의의 실패가 고삐 풀린 망아지처럼 세계적으로 더욱 급속하게 확대되고 있는 실정이다.

공동의 문제는 두 가지 경우로 나누어 볼 수 있다. 하나는 개인간에 이해상충이 발생하지 않기 때문에 개인주의로 해결할 수 있는 경우이고, 둘은 개인간에 이해상충이 존재하여 개인주의로 해결할 수 없는 경우다. 공동의 문제라도 이의 해결이 모든 구성원에게 이익이 된다면 개인간에 이해상충이 발생하지 않을 것이므로 개인주의의 입장에서도 이를 해결할 수 있다. 질서 유지(국방·사법·치안), 필수적인 공공시설 건설, 불황 해결 등의 문제가 그러하다. 이런 문제를 해결하는 것은 모든 사람에게 이득이므로 모두가 자기의 이익만을 생각하는 개인주의의 관점에 서더라도 이의 해결에 전원 합의하는 것이 적어도 원칙적 차원에서는 가능할 것이다.[57] 그러나 구성원 간에 이해상충이 존재

---

55 종교의 선택 같은 개인적으로 결정할 문제도 사회적인 문제이므로, 이런 개인적으로 결정할 사회적인 문제와 구별하기 위해 공동의 문제라고 부르기로 한다.

56 자본주의의 실패에 대해서는 앞의 각주 26 참조.

57 현실에서 이를 실행하기 위한 경비 분담이라는 문제는 여전히 남는다.

하는 경우에 개인주의는 현실적 차원에서만이 아니라 원칙적 차원에서도 해결 방향을 제시하지 못한다. 빈부격차, 노사 갈등, 독과점, 환경 훼손, 인간소외, 약소국 침탈, 전쟁 등의 문제가 이 경우에 해당할 것이다. 이처럼 개인간에 이해상충이 존재하여 개인주의를 적용할 수 없는 문제를 **공동의 갈등 문제**라고 부르자.

개인간에 이해상충이 발생하는 공동의 갈등 문제를 개인주의에 입각해서는 합의에 의해 해결할 방법을 찾기 힘들다는 것은 애로와 뷰캐넌의 이론에서도 확인할 수 있다. 이 두 경제학자는 개인주의의 입장에서 공동의 갈등 문제를 분석하였다. 애로의 **불가능성 정리**the impossibility theorem는 서로 다른 선택 기준을 가진 여러 사람으로부터 강압이나 양보가 아닌 방법으로 전원 합의를 도출할 수 없다는 자명한 사실을 이론적으로 엄밀히 논증하였다(Arrow, 1963). 쓸 돈이 한정되어 있기 때문에 사과나 배 둘 중에 하나밖에 살 수 없는데, 나는 사과를 사고 싶고 너는 배를 사고 싶은 상황에서 양보도 강압도 없이 두 사람이 무엇을 살지에 합의할 수 없다는 것은 자명한 사실이다.

뷰캐넌은 소수에게 희생을 강요하는 다수결은 바람직한 방법이 아니고 전원 합의만이 올바른 공동 선택의 방법이며, 이해상충이 발생할 경우에는 손해를 보는 사람들에게 이익을 보는 사람들이 합당한 보상금을 지불하면 전원 합의에 도달할 수 있다는, 역시 자명한 주장을 이론적으로 엄밀히 전개하였다(Buchanan & Tullock, part III). 그러나 이런 뷰캐넌의 해결 방법 역시 현실적으로 실행하기 쉽지 않다. 합당한 보상이 얼마인지 현실적으로 알 수 없기 때문이다. 보상을 실시하려면 해당 결정으로 이익을 보는 수혜자들이 돈을 모아서 그 결정으로 피해를 보는 피해자들에게 보상을 해주어야 하는데, 이 과정에서 수혜자들은 돈을 적게 내려고 자신이 얻는 이익을 실제보다 줄여서 말할 것이고, 피해자들은 보상금을 많이 받기 위해 자신의 피해를 부풀려서 말할 것이기 때문이다. 뷰캐넌은 현대 경제학자답게 자신의 경제적 이익만을 고려하는 개인인 **경제인**homo economicus을 가정했는데, 이 가정에 서면 적절한 보상을 통한 전원 합의는 실현될 수가 없다. 이기적인 경제인들은 자신들의 이익을 위해 당연히 허위 보고를 하기 때문이다.

개인간의 이해상충을 해결하는 유명한 방법은 미국 윤리철학자인 롤즈의 정의론에서도 찾을 수 있다. 앞(93~96쪽)에서 본 바와 같이 롤즈는 공정한fair 입장에서 볼 때 옳은 것이 정의justice라고 보았다. 사람들이 각자 가족 관계, 직업, 지위, 재산, 재능, 체력 등 자신의 처지를 전연 모르는 상태에 있는 입장을 롤즈는 공정한 입장이라고 보았다. 롤즈는 이처럼 자신의 이해관계를 전연 모르는 **무지의 장막**의 가정이 충족되는 상태를 **원초적 입장**이라고 불렀다. 또한 롤즈는 위험기피자를 가정하였다. 롤즈는 이 두 가정으로부터 "사회적 선택은 가장 불우한 사람들의 이익을 최대로 만드는 데 기여하도록 결정되어야 한다"는, 유명한 **최대최소의 규칙** 또는 **차등의 원리**를 도출하였다. 누구나 자신의 처지를 모르고, 또한 위험기피자라고 한다면 자기도 가장 불우한 사람이 될 수 있으므로, 그때를 대비해서 가장 불우한 사람의 이익을 최대로 하자는 규칙에 누구나 합의할 것이라는 것이다. 따라서 사회의 모든 운영은 그 사회에서 가장 불우한 사람의 생활을 개선하는 것을 목표로 삼아야 한다고 롤즈는 주장하였다.

그러나 롤즈의 이론으로도 현실에서 나타나는 이해상충을 해결하기 힘들다. 모두가 자신의 처지를 모른다는 그의 무지의 장막의 가정은 현실의 이해상충 문제를 해결한 것이 아니라 회피한 것에 지나지 않기 때문이다. 현실에서는 모두가 자신의 처지를 잘 알고 있으므로 무지의 장막이 존재하지 않는다. 개인주의의 입장에서는 롤즈의 이론으로도 현실에서 이해상충이 발생하는 공동의 갈등 문제를 해결할 수 없다. 이해상충이 발생하는 공동의 갈등 문제를 해결하기 위해 개인주의의 자유의 원리가 아닌 상생의 원리가 필요하다.

3

상생의 원리

　개인간에 이해상충이 발생하는 공동의 갈등 문제를 해결하기 위해서는 개인주의가 아닌 다른 원리 내지 관점이 필요한데, 상생의 원리가 이 역할을 할 수 있을 것이다. 자유주의의 개인주의가 경시하는 것은 인간 생활에서의 **공생**共生이라는 측면이다. 이는 앞서 고찰했던 인간의 사회성 내지 인간 삶의 공동체적인 측면을 보다 확대한 개념이라고 말할 수 있다. 우리들은 공간적으로 보면 우주의 허공에서 나 홀로 사는 것이 아니라 가족과 친척, 친지, 온 국민, 나아가 모든 인류 및 동식물들을 비롯한 자연과 함께 우주에서 살아가고 있으며, 시간적으로도 우리의 선조나 후손과 서로 도우면서 함께 살아가고 있다. 내가 살고 있는 사회와 자연은 나의 선조들이 수고하여 내게 물려준 유산이며, 내가 알고 있는 지식은 나보다 앞서 살았던 분들이 수천 년 동안

애써 축적해서 내게 물려준 것이다. 후세의 사람들은 우리가 남긴 것들을 유산으로 물려받아 살아간다. 공간적으로, 그리고 시간적으로 나는 무수한 다른 존재들과 공생하고 있다.

　우리가 살아가는 자본주의 사회에서도 모든 사람은 서로 **공생의 망**으로 연결되어 있다. 경제적으로 보면 우리들은 모두가 분업과 협업의 고리로 직간접적으로 연결되어 있다. 쌀, 옷, 컴퓨터, 주택, 영화 등 내가 먹고 입고 소비하는 모든 재화(물자와 서비스)는 수많은 다른 사람들이 만든 것이다. 내가 먹는 쌀을 얻기 위해 직접 거래하는 사람은 쌀가게 직원뿐이지만, 그 쌀을 생산하고 유통하는 데는 농부를 비롯해 정미소 직원, 트럭 운전사, 쌀 창고 직원, 쌀 도매상인, 농약과 비료를 생산하는 회사 사람들, 농약과 비료의 원료를 생산하는 회사의 직원들 등 헤아릴 수 없이 많은 사람이 참여한다. 재화의 수출과 수입을 통해 세계적으로 분업과 협업이 이루어지고 있으므로 전 세계 인류들과 우리들은 공생하고 있다. 비단 경제적 거래에서만이 아니라 정치적으로도 문화적으로도 나는 우리나라 사람들, 나아가 전 세계 사람들과 서로 얽혀서 살아가고 있다. 미국 대통령 선거는 나도 모르는 사이에 나의 일상생활에 중대한 영향을 미치고 있으며, 그리스 가수의 노래는 방송을 통해 나에게 감동을 전해 준다.

　뿐만 아니라 우리가 삶의 기쁨과 보람을 얻는 것도 공생 덕분이다. 자신 말고 그 어떤 사람이나 생명체, 그리고 존재도 없는 세상에서 혼자 산다면 우리는 아무런 기쁨과 보람을 찾을 수 없을 것이다. 돈이나 명예, 권세는 우리에게 삶의 보람과 즐거움을 주지만, 돈도 명예도 권세도 모두 다른 사람들이 있기 때문에 가치 있는 것이지, 혼자만 사는 세상이라면 아무 소용이 없을 것이다. 돈이나 명예, 권세를 허망하게 보는 소수의 사람들은 소박한 삶에서 낙을 찾지만, 이들이 소박한 삶에서 낙을 찾을 수 있는 것도 사랑하는 가족과 친지, 그리고 아름다운 자연과 동식물이 있기 때문이다. 사람이 삶의 보람과 낙을 찾을 수 있는 가장 원초적인 힘은 정(또는 사랑[58])일 것이다. 아무리 부귀영화가 넘치더라도 정을 나눌 가족이나 친지가 없는 사람의 삶은 쓸쓸하고 삭막한 반면, 아무리 가난하고 권세가 없더라도 정을 나눌 가족과 친지가 있는 사람은 기쁜 삶을 살아갈 수 있을 것이다. 사람은 정으로 산다. 정붙일 사람이 없으면 동물이나 식물에게서라도 정붙일 상대를 찾아야 하며, 그것도 못하는 사람은 결국 외로움에 못 이겨 생의 의욕도 사람다움도 잃어버리고 만다. 이처럼 우리의 생활이 가능한 것도, 또 우리가 생의 보람과 기쁨을 찾을 수 있는 것도, 우리가 혼자 사는 것이 아니라 다른 사람이나 다른 존재와 공생하는 덕분이다. 이처럼 공생하는 모든 존재는 서로 도우면서 살아간다. 즉, 상생하고 있다.

상생相生의 원리란 자신만이 아니라 다른 사람을 비롯한 모든 존재의

---

[58] 사랑이라는 말보다 정이라는 말이 덜 진부하고 부담스러우면서도, 더 따뜻하고 소박하고 맛깔스럽고 여운이 있는 말인 것 같다. 사랑은 서양의 표현이고, 정은 동양의 표현인 것 같다.

소중함을 인정하고 자신의 권리와 똑같이 그들의 정당한 권리를 존중하면서 그들과 서로 도우며 함께 살아감을 말한다.[59] 즉, 공생하는 모든 존재가 서로 아끼면서 돕고 사는 것을 **상생**[60]이라고 부를 수 있을 것이다. 내가 나에게 절대적으로 소중한 것과 마찬가지로 다른 존재도 자신에게 절대적으로 소중하며, 다른 존재가 있음으로써 비로소 내가 존재할 수 있으므로 나만이 아니라 다른 존재도 존중해야 할 것이다. 이러한 상생의 원리에서 우리는 공동의 문제를 해결할 실마리를 찾을 수 있다.

모든 사람은 개인성(개체성)과 사회성(공동체성)의 두 측면을 갖고 있는데, 이 중 개인성에서의 원리를 자유라고 한다면, 사회성에서의 원리를 상생이라고 하겠다.

상생의 원리는 전체주의와 전연 다르다. 전체주의는 국가나 집단을 개인보다 우선시하여 이를 위한 개인의 희생을 당연시하지만, 상생의 원리는 구체적인 인간인 개인만이 궁극적인 가치의 원천이라고 보고 개인의 권리를 절대적으로 보장하며 전체를 위한 개인의 희생을 반대

---

59 원래 상생이란 공자가 정리한 『서경』(書經)에 나오는 오행설(五行說)이 가리키는 현상이다. 즉 쇠는 물을, 물은 나무를, 나무는 불을, 불은 흙을, 흙은 다시 쇠를 낳는 것을 가리키는 말로 상극(相剋)의 반대말이지만, 여기서는 요즘 통용되는 의미로 사용한다.

60 영어에 상생이라는 말은 없는 것 같다. 구태여 번역하자면, 우습기는 하지만 happy together가 될 것 같다.

한다는 점에서 개인주의와 똑같다. 상생의 원리는 내가 소중한 것과 같이 다른 사람, 생명체 및 존재도 모두 소중함을 인정하고 서로 도와야 함을 말할 뿐이다. 이 상생의 원리는 자유주의의 관용의 원리와 공동체주의의 관점을 더 적극적으로 확대한 것이다.

 이러한 상생의 원리로 보완하여 개인주의의 한계를 극복한 자유주의를 **상생적 자유주의**라고 부를 수 있을 것이다. 정치적 자유주의의 기본 원리(만인평등, 인본주의, 개인 기본권의 존중, 사상과 표현의 자유, 행동과 집회/결사의 자유, 관용, 자기 책임의 원칙 등)의 확립, 민주주의와 법치주의의 확립, 시장경제의 효율성을 살리면서 적절한 정부 개입을 통하여 시장의 실패를 시정하는 복지국가형 수정자본주의, 상생의 원리의 실천을 통한 공동의 갈등 문제(분배 갈등, 인간소외, 윤리 타락, 환경 파괴, 국제분쟁 등)의 해결, 그리고 정부의 실패를 예방하기 위한 적절한 제도적 장치가 상생적 자유주의의 주요 내용일 것이다. 상생적 자유주의가 새 시대의 새 패러다임이 되길 기대한다.

4

상생의 갈등과 적대적 갈등

현재 우리나라는 노사 갈등, 빈부 갈등, 지역 갈등, 세대 갈등, 농민과 소비자의 갈등, 환경 갈등 등 여러 심각한 사회 갈등을 겪고 있다. 상생의 원리에서 이 모든 사회 갈등을 해결하는 실마리를 찾을 수 있을 것이다.

어느 사회에서든 개인이나 집단 간에 이해관계, 가치관, 취향 등에서 차이가 있고, 이로 인해 갈등이 존재하기 마련이다. 차이는 갈등의 원인이기도 하지만 동시에 풍요와 다양함의 원천이기도 하다. 모든 사람과 집단 간에 차이가 없다는 것은 가능하지도 않을 뿐만 아니라 바람직하지도 않다. 차이와 다양함이 없는 획일적인 사회는 무미건조하고 삭막할 것이다. 만일 이 세상에 한 종류의 식물과 동물, 한 종류의 인간, 똑같은 모습의 산천만 있다면, 이 세상은 삭막하고 심심하기 짝이 없을 것이다. 온갖 종류의 식물과 동물, 인간과 자연이 존재하는 덕분에 세상과 우리의 삶이 풍요롭고 아름다울 수 있다. 모든 사람의 취향과 적성이 똑같다면 인간은 생존할 수 없을 것이다. 하나의 직업만 존재할 것이기 때문이다.

차이는 불가피하게 **갈등**conflict을 낳는다. 갈등은 흔히 파괴와 고통을 연상시키지만, 갈등은 생명 유지와 발전에 필수적이다. 많은 경우, 갈등과 상생은 동전의 양면과 같다. 일찍이 밀은 "모든 인간사에서, 서로 생명력을 갖기 위해, 그리고 그들의 고유한 목표를 실현하기 위해 서로 갈등하는 영향력conflicting influences이 필요하다"고 말했다. "만일 배타적으로 하나의 목표만 추구한다면 하나는 과다해지고 다른 것은 부족해질 뿐만 아니라, 원래 배타적으로 추구하던 목적도 부패하거나 상실하게 되기" 때문이라는 것이다(Mill, 『대의정부론』, 292쪽).

이 말은 일반적인 경우로 확대될 수 있다. 인간사와 세상은 극히 복잡하고 다양하므로 모든 사물은 자신과 갈등하는 존재를 가지고 있다. 그러나 이런 갈등 덕분에 각각의 존재는 존재 의의를 가질 수 있으며, 갈등과 모순에서 발생하는 긴장 관계를 통해 양쪽 모두 타락과 안일에 빠지지 않고 자기 본연의 모습을 유지하며 발전할 수 있다. 남성과 여성, 이기심과 이타심, 자유와 경제적 평등, 자본주의와 사회주의, 자유방임주의와 개입주의, 진보와 보수, 자본가와 노동자, 청년과 노인, 지역간 대립 등이 모두 그러하다. 만일 남성이 없다면 여성이 존재할 수 없을 것이며, 이기심과 이타심 어느 하나만 존재하는 사회는 유지될 수 없을 것이다. 경제적 평등에 대한 고려 없이 자유만을 추구한다면 자유는 타락할 것이며, 자유 없는 경제적 평등은 생의 의미를 박탈할 것이다. 정부라는 사회주의부문이 전연 없는 100퍼센트의 자본주의 경제는 시장의 실패로 인해 운영이 불가능해질 것이며, 시장경제가 전연 없는 100퍼센트의 사회주의 경제는 효율성 하락과 개인의 자유 부재로 끔찍한 사회가 될 것이다. 개입주의와 자유방임주의 어느 한 가지 정책만으로 운영될 수 있는 시장경제도 이 세상에 존재하지 않을 것이다. "당신은 좌익left-wing이냐 우익right-wing이냐"라는 질문을 받고, 잭슨Jesse Jackson 목사[61]는 "새는 양쪽 날개로 날아갑니다"라고 답했다고 한다. 상생의 원리란 갈등 관계를 윈윈 게임win-win game(또는 plus-sum game)으로 승화시키는 것이라고 할 수 있다.

이와 같이 서로 도움이 되는 갈등을 **상생의 갈등**friendly conflict이라고 부를 수 있을 것이다. 상생의 관점에서 파악하면 많은 사회적 갈등을 상생의 갈등 관계로 승화시킬 수 있다. 진보주의자와 보수주의자 간, 자본주의와 사회주의 간, 노사간, 세대간, 지역간의 갈등이 모두 이에 해당할 것이다. 이상을 추구하는 진보주의자는 전연 없고 현실에 안주하는 보수주의자들만 존재하는 사회는 발전할 수 없을 것이며, 보

---

61 1941년생, 미국의 저명한 흑인 인권운동가. 마르틴 루터 킹 목사의 후계자.

수주의자들의 신중함과 현실성 없이 진보주의자들의 이상주의만으로 추진되는 개혁은 시행착오와 혼란만을 초래할 것이다. 사회주의라는 정부부문이 없는 순수한 자본주의만으로는 경제 운영이 불가능하고, 노인의 경험과 청년의 패기가 서로 보완하지 않는 사회는 병든 사회일 것이며, 노동자와 자본가 어느 한쪽만으로는 기업 경영이 불가능할 것이고, 다른 지역과의 교역과 협력 없이는 어떤 지역도 열악한 생활의 질을 면치 못할 것이다.

자유와 상생도 상생적 갈등 관계에 있다. 이 둘은 분명 상호 모순 내지 갈등의 관계다. 그러나 상생 없는 자유는 소외와 갈등에 함몰될 것이고, 자유 없는 상생은 개인의 매몰을 초래할 것이다. 자유와 상생 어느 하나만 추구하는 개인과 사회는 파탄에 이를 것이다. 이 둘을 적절히 조화시킬 때 비로소 개인과 사회의 원활한 관계를 유지하고 발전을 도모할 수 있을 것이다.

상생의 원리란 우리가 당면하는 갈등들을 상생의 갈등으로 파악하고 실천하는 것이라고 볼 수 있다. 갈등을 상생의 갈등으로 승화시킬 때, 갈등은 발전의 원동력이 된다. 갈등이나 모순이 없다면 아무런 변화도, 따라서 발전도 없을 것이다. **변증법적 발전**dialectical development 이란 이와 같이, 갈등이 상생적 갈등으로 승화되어 갈등과 모순을 극복하면서 발전해 가는 과정이라고 볼 수 있을 것이다. 변증법적 발전이란 상생적 갈등을 통한 발전이라고 볼 수 있다.

그러나 상생의 갈등이 아니라 **적대적 갈등**hostile conflict인 경우도 많다. 상대방을 상생이 아니라 타도의 대상으로 보고, 상대가 가진 것을 빼앗으려고 공격하는 갈등이 적대적 갈등이다. 지역간, 노사간, 세대간 갈등이 현재 우리나라에서는 상생적 갈등이 아니라 주로 적대적 갈등으로 나타나고 있다. 적대적 갈등의 원인은 제로 섬 게임과 집단이기주의일 것이다. **제로 섬 게임**zero-sum game이란 나누어 가질 전체의 몫이 한정되어 있어서, 한쪽의 몫이 커지면 다른 쪽의 몫이 작아지는 경우를 말한다. 우리나라 지역 갈등의 문제가 전형적 예다. 우리나라에서 지역 갈등이 발생한 주원인은 과거 30여 년 계속된 군사 독재 시절에 정부의 고위직 인사에서 호남 출신들을 소외시킨 것이라고 볼 수 있다. 고위직의 자리는 한정되어 있기 때문에 고위직으로의 출세는 제로 섬 게임이며, 제로 섬 게임에서는 서로 상대방의 몫을 위협하므로 기본적으로 적대적 갈등을 초래할 위험을 내포하고 있다. 이런 제로 섬 게임에서 분배가 불공정하게 이루어지면 필연적으로 불만과 분쟁이 발생한다. 과거 군사 정권 시절, 출신 지역이라는 불공정한 기준이 공직 출세의 기준으로 작용함으로써 영호남 간의 지역 갈등이라는 적대적 갈등이 발생한 것이다. 제로 섬 게임에서 분쟁과 불만을 방지하려면 분배가 공정해야 한다.

사회 갈등을 악화시키는 또 하나의 요인은 **집단이기주의**group egoism다. 오위켄Walter Eucken은 "집단은 양심이 없다"고 갈파하였다(Eucken, 안병직·황신준 역, 253쪽). 사람은 동물과 달리 이성과 양심을 가지고 있다고 자부한다. 인간은 이성과 양심에 따라 행동하기도 한다. 아무리 나쁜 사람이라도 불의를 보면 분노하고, 불쌍한 어린이를 보면 동정을 금치 못한다. 그러나 그것은 어디까지나 자기와 이해관계가 없을 때이지, 자신의 이해관계가 걸리면 이성과 양심은 이해관계라는 거친 바람 앞에서 힘없이 꺼져 버리는 허약한 촛불과 같다.

그러나 이성과 양심이라는 우리의 허약한 촛불을 돕는 원군이 있으니, 그것은 창피함이라는 우리의 감정이다. 이 원군 덕분에 우리의 허약한 촛불은 이해관계라는 거센 바람 앞에서도 꺼지지 않고 타올라 우리로 하여금 죄를 저지르지 않게 한다. 보통 사람들이 좀처럼 범죄를 저지르지 않는 것은 처벌에 대한 두려움과 우리의 양심 때문만이 아니라, 나중에 발각되면 당할 창피가 두려워서이다.

창피하냐의 여부를 결정하는 것은 이성이나 양심이라기보다 주로 주위 사람들이 같이 하느냐의 여부다. 창피해서 길거리에서는 옷을 벗지 못하지만 목욕탕에서는 옷을 벗어도 부끄러운 줄 모르며, 평소에는 다른 사람을 때리지도 못하는 사람들이 전쟁터에서는 다른 사람을 살해할 수 있는 것은 남들이 모두 그러기 때문이다. 집단행동은 창피함을 잊도록 하는 가장 강력한 수단이다. 집단이 되면 사람은 무슨 짓이라도 할 수 있다.

이처럼 이해관계와 집단행동은 인간의 이성과 양심을 가로막는 가장 큰 장애물이다. 이런 이해관계와 집단행동이 결합된 것이 집단이기주의다. 그리하여 집단이기주의는 인간의 미약한 양심을 마비시키는 가장 강력한 마약이다. 집단행동은 사람들로 하여금 자신의 사적인 이익을 주장하면서도 정의를 위해 투쟁한다는 착각에 빠져들게 한다. 사회정의를 위해 투쟁한다는 비장한 사명감으로 삭발과 단식을 감행하지만, 이들의 주장 중에는 사회정의로 둔갑한 집단이익인 경우가 많다. 집단이기주의의 최면에 빠져서 공익으로 둔갑한 사익을 외치는 고함 소리가 천지에 가득하다. 대개 이런 집단이기주의를 예방하려면 비판의 자유와 관용을 베푸는 풍토를 조성하여 양심적 소수가 자유롭게 집단이기주의를 비판할 수 있도록 하고, 궁극적으로는 사람들의 의식 수준을 높여 상생의 원리를 실천하도록 하는 것 말고는 별로 대책이 없어 보인다.

지금까지 보아 온 바와 같이, 상생의 관점에 서면 많은 갈등을 상생의 갈등으로 승화시켜서 발전의 계기로 만들 수 있다. 제로 섬 게임의 경우 분배를 공정하게 해야 하며, 관용을 베푸는 풍토를 확립하고 비판의 자유를 보장하여 집단이기주의를 극복하도록 노력해야 할 것이다.

5

상생의 원리 적용

상생의 원리를 적용하면 개인이나 집단 간의 갈등, 인간소외, 윤리 타락, 국제분쟁, 환경 파괴 등과 같은, 자유주의의 개인주의로는 대처하기 힘든 공동의 갈등 문제들을 해결할 실마리를 찾을 수 있을 것이다.

(1) 분배 갈등의 해결

현재 우리가 사는 자본주의 사회에서 가장 큰 갈등은 경제적 분배의 갈등일 것이다. 노사 갈등, 지역 갈등, 세대 갈등 등 우리 사회에서 벌어지는 여러 사회 갈등도 대부분 분배 갈등의 성격을 갖고 있다. 비단 우리나라만이 아니라 자본주의 경제가 존재하는 세계 거의 모든 나라에서 그러할 것이다. 자본주의와 자유주의에 대한 가장 큰 비판도 자본주의 경제에서 발생하는 불공정한 분배에 대한 비판이다. 이 비판은 두 가지로 나눌 수 있다. 하나는 자본주의에서의 분배가 공정하지 않다는 것이고, 둘은 빈부의 격차가 크고 절대빈곤이 존재한다는 것이다.

앞의 2장에서 살핀 '평등과 평등분배'에서 본 바와 같이 어떤 분배가 공정한 분배인가는 논란의 여지가 많은 문제다. 자유주의의 자기책임의 원리에서 보면, 빈곤을 사회가 해결할 이유가 없다. 빈곤은 당사자 개인의 문제이기 때문이다. 실제로 시민혁명의 성공으로 부르주아지가 정권을 잡은 18세기의 영국과 19세기의 프랑스에서 빈곤은 개인의 나태 때문이라고 보고 정부가 빈곤을 방치하였다. 그러나 공정한 분배가 무엇이냐에 상관없이 자본주의 경제에서 나타나는 극심한 빈부격차는 문명사회가 방치할 수 없는 야만적인 현상임이 분명하다. 밀이 지적한 바와 같이, 자본주의 사회에서 빈곤을 방치하는 것은 경주에서 등수에 들지 못한 사람을 살해하는 야만적인 경기와 다름없을 것이다(Mill, 『사회주의론』, 68~69쪽).

상생의 원리에서 보면 사회가 빈민을 지원해서 빈곤을 퇴치함이 당연하다. 상생의 원리에서 보면, 자신만이 아니라 다른 사람의 정당한 권리를 존중하면서 이들과 서로 도우며 함께 살아감이 옳기 때문이다. 생존권은 모든 사람의 당연한 권리다. 이때 문제는 구체적으로 어느 정도의 빈곤까지를 도울 것이냐인데, 이는 의회에서 사회적 합의로 결정하면 될 것이다.

(2) 인간소외의 극복

자유주의는 개인주의에 입각해 있다. 다른 사람에게 부당한 피해를 주지 않는 범위에서 자신의 행복과 이익을 추구하는 **개인주의**individual-ism는, 타인에게 부당한 피해를 주는 것을 개의치 않고 자신의 이익만을 추구하는 **이기주의**egoism와 분명 다르다. 이런 개인주의로부터 타인을 해치지 말라는 소극적인 윤리를 도출할 수 있다. 근대 자본주의 사회는 이런 개인주의를 동력으로 삼아 그 이전에 볼 수 없었던 놀라운 경제발전을 성취할 수 있었다. 자본주의 경제에서 상공인들은 개인주의에 입각해 서로 간에 피해를 입히지 않으면서, 그렇다고 다른 사람을 돕지도 않으면서 각자 자기만의 행복을 위해 열심히 일하고 저축해서 투자하고 새로운 기술을 개발함으로써 경제발전을 달성해 왔다. 이런 경제발전의 토대 위에서 민주주의와 법치주의, 그리고 찬란한 근대 과학 문명과 문화가 꽃을 피워 왔다.

이런 개인주의는 자본주의 상공인들의 윤리관이며, 자본주의 사회에 딱 들어맞는 윤리관이다. 개인주의는 자본주의 상공인들의 세계관이 반영된 윤리관이다. 상공인들, 특히 근대 자본주의 건설의 주역이었던 중소 상공인들은 자기 힘으로 자기 책임하에 장사를 해서 살아가는 사람들이기 때문이다. 장사에서 돈을 벌면 자신이 갖고, 또 손해를 보면 자신이 책임지는 것이 상공인들이므로, 이들로서는 각자 개인이 알아서 자기 책임으로 살면 된다는 개인주의적 윤리가 당연한 것으로 받아들여졌다. 그러나 이런 개인주의는 앞(130쪽)에서 본 자본주의에서의 인간소외를 해결할 수 없고, 오히려 이를 조장한다.

　이러한 인간소외는 상생의 원리로 극복할 수 있을 것이다. 서로 존중하고 도우면서 살아간다면 사람 사이에 진정한 인간으로서의 만남이 존재할 것이고, 그리하여 모두가 생의 즐거움과 보람을 느낄 수 있을 것이다. 앞(131쪽)서 자본주의 사회에서 우리가 현상적으로 느끼는 인간관계에는 서로 간에 이해관계가 일치해서 거래하거나, 상호 경쟁적인 관계에 있거나, 아무런 관계도 없는, 세 관계만 있다고 말하였다. 하지만 그것은 우리가 현상적으로 생각하고 느끼는 것이지, 자본주의 사회에서도 모든 사람은 서로 상생의 관계망으로 연결되어 있다. 경제적으로 보면 우리들은 모두 분업과 협업의 고리로 간접적으로 연결되어, 결과적으로는 서로 도우며 살고 있다. 이러한 다른 사람과의 상생 관계를 깨닫고 상생의 원리를 다른 사람과의 관계에 실천한다면, 우리는 인간소외를 극복할 수 있을 것이다. 칸트의 말처럼 다른 인격을 수단이 아니라 목적으로 대한다면 인간소외는 사라질 것이다. 이는 다음과 같은 적극적인 윤리를 모색하는 일과도 연결된다.

(3) 적극적 윤리의 실현

　과거 사회에 비해 현대 사회에서 윤리가 더 타락했다고 단정적으로 말할 수는 없지만, 현대 사회의 윤리가 매우 타락했다는 사실은 누구나 부인하기 힘들 것이다. 현대 사회에서 윤리가 부족한 이유는 자본주의의 윤리 약화 경향, 개인주의, 집단이기주의 및 도시화에 따른 익명사회라는 대략 네 가지로 설명할 수 있을 것이다.

첫째는 돈이 인간을 지배하는 자본주의의 속성이다. 자본주의는 윤리에 긍정적인 영향과 함께 부정적인 영향도 미쳤다고 볼 수 있다. 자본주의가 배양한 긍정적인 윤리로는 자립심, 근면, 정직, 성실과 같은 부르주아지의 건강한 윤리를 들 수 있다. 자본주의 경제에서 혼자 힘으로 살아가야 하는 부르주아들은 남에게 의존하지 않고 독립적으로 살아야 하므로 자립심과 근면이 저절로 몸에 배게 된다. 또한 상공업자인 부르주아들에게 정직과 성실은 기본 요건이므로 이의 귀중함을 잘 안다. 정직과 성실로 신용을 얻지 못한 상공인들은 상거래에서 도태되기 때문이다. 그러나 자본주의 경제가 윤리 도덕에 미치는 부정적인 영향도 크다. 자본주의에서는 처음에는 사람이 돈을 벌지만, 다음에는 돈이 돈을 벌고, 나중에는 돈이 사람을 지배하는 것 같다. 자본주의 사회에서는 돈 없이 되는 일이 별로 없고, 돈 가지고 안 되는 일이 거의 없으며, 명예와 권세도 돈으로 살 수 있다. 이 때문에 사람들은 돈 그 자체를 인생의 목표로 삼는 경우도 많다. 부모와 자식도, 친구들도, 돈 때문에 서로 원수가 되는 경우를 적지 않게 본다. 자본주의에서 발생하는 범죄의 대부분도 돈 때문이다. 이처럼 돈이 목적이 되고 사람은 돈을 벌기 위한 수단이 되다 보니, 돈만을 숭배하는 **배금주의**拜金主義(mammonism)가 팽배하게 되어 자본주의 사회에서는 윤리가 약화되는 경향이 있는 것 같다.

둘째로 **개인주의**가 자본주의 사회에서 윤리를 약화시키는 주요인의 하나일 것이다. 원래 개인주의란 공동체를 떠나 자기 책임하에서 혼자 힘으로 독립적으로 살아가는 상공인들의 인생관이다. 자본주의 이전 사회에서는 동서양을 막론하고 사람들은 대가족이나 촌락이라는 공동체의 일원으로 살아갔다. 의식주를 공동으로 해결해야 하는 공동체 생활에서는 생존을 위해 공동체 구성원 간의 협력이 중요하였으므로, 타인을 배려하는 윤리가 필수적이었다. 그러나 개인을 단위로 생계를 해결하는 자본주의의 상공인들은 자연적으로 타인에 대한 배려가 소홀한 개인주의를 당연시했고, 이에 따라 윤리가 약화되는 경향이 있다. 원래 윤리란 타인에 대한 배려이기 때문이다.

셋째로 **집단이기주의**의 영향을 들 수 있다. 개인주의가 지배하는 자본주의 사회에도 이해관계를 같이하는 많은 이익집단이 존재한다. 노동조합, 직업 단체, 지역주민 단체, 국가, 종교 단체 등이 존재한다. "집단은 양심이 없다"는 오위켄의 말과 같이(Eucken, 안병직·황신준 역, 253쪽), 윤리의 가장 큰 적은 집단이기주의다. 평소에는 사리 분별이 있던 사람도 집단의 일원이 되면 염치를 모르는 동물로 돌아간다. 지금 우리나라에도 다양한 집단들이 고함치는 소리로 온 나라가 시끄럽다. 이들의 주장에는 정당한 것도 있지만, 많은 경우 내 것도 내 것이고 네 것도 내 것이라는 억지 주장이다. 혼자 할 때는 부끄러운 줄을 알지만, 집단의 일원으로 다른 사람과 함께 떠들 때는 부끄러운 줄도 모르고, 투쟁에 감동되어 자신이 마치 정의의 투사인 양 스스로 감격해서 눈

물을 흘리는 것이 인간의 속성인 것 같다. 개인으로는 저지를 수 없는 죄도 집단이 되면 얼마든지 저지른다. 지금까지 인간이 저지른 대량 살육은 모두 국가와 민족, 계급 아니면 종교와 같은 집단의 이름으로 자행되었다. 개인이 죽이면 살인이고, 국가가 죽이면 정의실현이다. 지금도 국가에 의한 대량 살인이 지구상에서 공공연하게 자행되고 있다. 양심의 가책을 느끼기는커녕 정의를 실현한다는 확신에 차서 말이다. 오늘날 우리 사회에서 윤리가 타락한 것도 집단이기주의로 사람들의 양심이 마비된 탓인 경우가 많다. 하청기업 근로자들보다 훨씬 더 많은 임금을 받으면서도 임금을 더 올려 달라고 주장하는 대기업 노동자도, 자기 동네에 장애인 보호시설이나 환경 시설의 건설을 반대하는 지역 주민들도, 편파 보도를 하면서도 자기들은 공정 보도를 한다고 우기는 언론인도, 입만 열면 국가와 민족을 내세우면서 뒤로는 사리사욕을 채우기 바쁜 정상배들도, 작은 정부를 외치면서 핑계만 있으면 자신의 권한과 예산을 늘리기에 바쁜 공무원들도, 자신들은 사익이 아니라 공익을 위해 일한다고 자기 최면을 걸고 있는 경우가 많다. 이런 집단이기주의가 현재 우리 사회의 윤리를 타락시키는 가장 큰 요인일 것이다. 여럿이 같이하면 죄가 죄인지도 모르는 것이 인간이다.

넷째로 도시화에 따른 **익명匿名사회**의 영향을 들 수 있다. 자신이 누군지 알고 있는 사람들 앞에서는 부끄러운 짓을 잘 하지 못하는 것이 사람이다. 서로가 누구인지 잘 알고 있는 현명顯名사회인 작은 공동체에서는 부끄러운 짓을 잘 하지 않는다. 그러나 누가 누군지 알지 못하고 살아가는 익명사회인 대도시에서는 모두가 가면을 쓰고 얼굴을 감추고 살기 때문에 누구나 부끄러운 짓을 하기 쉽다. 자신을 감출 수 있는 인터넷 댓글에서 무례한 말들이 난무하는 것과 같다.

상생의 원리를 실천하면, 이상과 같은 요인으로 인해 현대 사회에서 윤리가 타락하는 것을 막고, 윤리와 인간성을 다시 회복시킬 수 있을 것이다. 윤리 타락이란 기본적으로 타인에게 부당한 피해를 주는 것인 데 반해, 상생의 원리는 타인을 존중하고 도와주어야 함을 일깨우기 때문이다.

윤리적 존재로서의 인간은 문명인의 보편적인 특징이다. 애덤 스미스가 말한 바와 같이, 사람은 누구나 불행한 사람을 보면 도와주려는 동정심과 자신의 행동을 공정하게 판단할 수 있는 양심을 가지고 있으나, 동시에 자신의 이익을 앞세우는 이기심도 갖고 있으며, 자신의 이해관계 앞에 서면 동정심이나 양심은 바람 앞의 촛불처럼 연약하므로, 이로 인한 불의를 막기 위해 공정한 법이 필요하다고 보았다(이근식 2006. 3, 84~86쪽 참조). 그러나 공정한 법만으로는 부족하다. 공정한 법은 타인에게 부당한 피해를 주는 것을 금할 뿐이지, 어려운 사람을 도우라고 명하지는 못하기 때문이다. 여기서 필요한 것이 칸트가 말하는 자유의지에 따라 스스로 결단해서 선택하는 도덕률일 것이다. 칸트가 지적한 바와 같이, 도덕률은 이성적인 논리에 의해 도출될 수 있는 명제가 아니라 어디까지나 자유의지로 스스로 선택하는 것이다 (Kant, 최재희 역, 238~239쪽). 루지에로가 지적한 바와 같이, 칸트의 영원한 광휘는 도덕률에 대한 복종이 개인의 자유임을 보인 것에 있다 (Ruggiero, Collingwood 역, 352쪽). 칸트가 말한 이런 인간을 윤리적 존재로서의 자신을 자각한 인간이라고 볼 수 있을 것이며, 이런 자유의지에 의한 도덕률의 선택은 상생의 원리에 대한 개인의 자각이라고 볼 수 있을 것이다. 윤리적 존재로서의 자신을 자각하는 것이 인간이 다른 동물과 구별되는 가장 중요한 특징의 하나일 것이다.[62] 그리고 사람들이 자신이 윤리적 존재임을 자각하고 이를 실천하는 사회를 **문명사회**라고 볼 수 있을 것이다. 비단 현대의 복지국가만이 아니라, 동서고금을 막론하고 대부분의 문명국가에서는 어려운 사람들을 도와주는 정부 기관이 존재했다.

(4) 세계 평화 달성

전쟁은 인간이 저지르는 가장 큰 죄악이다. 전쟁은 살인, 약탈, 파괴 등 끔찍한 범죄를 누가 더 대량으로 잘하는가를 공공연하게 겨루는 시합이다. 전쟁이 발발하면 평소 이성과 윤리와 교양을 자랑하고 문화를 사랑하던 멀쩡한 사람들이 무고한 생명을 살육하고, 소중한 문

---

62 다른 동물들도 동료에 대한 동정심이 있지만, 윤리적 존재로서 자신을 인식한다고 말하기는 어려울 것이다.

화재를 파괴하고, 타인의 재산을 약탈하려고 공개적이며 경쟁적으로 시합한다. 과거에도 현재에도 끊임없이 전쟁이 벌어지는 것을 보면, 인간은 이성과 양심의 주인이라기보다 탐욕과 무지의 포로인 것 같다. 적어도 전쟁 도발을 결정하는 자들은 그러한 인간들일 것이다.

두 번에 걸친 끔찍한 세계대전을 겪은 뒤, 국제협력을 증진시켜서 전쟁을 예방해야 한다는 공감대가 세계적으로 확산된 덕분에 유엔, 세계은행IBRD, 국제통화기금IMF 등의 국제협력기구가 새로 만들어짐으로써 국제협력을 위한 세계적인 노력이 과거보다 증대되었다고 볼 수 있다. 그럼에도 불구하고 제2차 세계대전 이후에도 중국의 티베트 침략과 점령, 한국 전쟁과 월남 전쟁을 비롯해 크고 작은 전쟁이 그치지 않았으며, 미국의 이라크 침공이나 이스라엘의 팔레스타인 침공, 러시아의 체첸 침공 같은 강대국의 약소국 침략이 지금도 여전하다. 지금까지 인류 역사상 끔찍한 대규모 살육은 항상 국가의 이름으로 다른 나라의 국민들에게 행해져 왔다. 지금도 그러하다. 전쟁만이 아니다. 비록 전쟁은 발발하지 않았으나 인도와 파키스탄 간의 분쟁같이, 전쟁을 일으킬 수 있는 국가간의 분쟁은 여러 곳에서 일어나고 있으며, 전쟁에 대비한 무기 개발 또한 엄청난 규모로 많은 나라에서 이루어지고 있다.

국제사회에 분쟁과 전쟁이 계속되는 것은, 국제사회가 아직 법질서가 확립되지 않은 무정부 상태이기 때문이다. 구성원들의 무기 보유와 사용이 금지되어 있는 개별 국가 안에서와 달리, 국제사회는 각국의 무기 보유와 사용이 허용되어 언제라도 무력 분쟁이 발생할 수 있는 무정부 상태이다. 이런 무정부 상태에서는 강자의 횡포를 궁극적으로 막을 방법이 없다. 국제 여론이 과거보다는 큰 힘을 발휘하고 있으나, 미국의 이라크 침공이나 이스라엘의 팔레스타인 침공, 러시아의 체첸 침공에서 보는 바와 같이 여론으로 강대국의 무력 사용을 막기란 종이 한 장으로 총알을 막겠다는 것이나 다름없다.

이러한 때에 우리가 기댈 수 있는 것은 여전히 인간의 이성뿐이다. 이성에 호소해 사람들로 하여금 올바른 방향으로 한 걸음씩 나아가도록 함께 노력해야 할 것이다. 이성적으로 생각하면 국제분쟁을 평화적으로 해결하는 방법은 상생의 원리를 국제사회에도 적용하는 것이라고 생각된다. 세계화 때문에 이제 국제협력이 인류에게 결정적으로 중요해졌다. 모든 구성원을 평등하게 대우하는 공정한 규칙을 제정하고 집행하는 법질서는 문명사회에 꼭 필요한 것이다. 공정한 법질서가 없는 사회에서는 평화 공존과 번영이 불가능하다. 현재까지 법질서를 확립하는 역할을 담당해 온 것이 개별 국가이다. 그러나 세계화가 급진전되어 감에 따라 인간의 생활 범위가 국경을 넘어 세계로 확대되고 있으므로, 전 세계를 대상으로 공정하게 법질서를 집행하는 국제기구 설치가 불가피하게 되었다. 이 문제도 상생의 원리를 기준으로 적용할 때 바람직한 해결을 찾을 수 있을 것이다. 모든 인류가 동등한 권리를 가지고 지구상에서 서로 돕고 서로의 권리를 존중하면서 함께 살아가야 함을 인식하고 실행한다면, 강대국이 자신의 이해관계에 따라 마음대로 세계 평화를 유린하고 약소국 국민들을 살상하는 패권주의는 사라질 것이다.

(5) 환경과 자연 보호

지난 200년간 인간에 의한 자연 파괴는 규모와 속도에서 그 이전과 비교가 안 될 정도로 엄청나게 진행되었다. 이러한 자연 파괴를 촉발시킨 것은 근대 서양 문명 안에 있는 세 요소 때문이라고 생각된다. 하나는 자연을 인간이 이용할 대상으로 보는 서양의 편협하고 오만한 인본주의요, 둘은 자본주의라는 근대 경제체제요, 셋은 근대 과학기술의 발달이다.

종교의 가르침이나 전통이 아니라 인간의 이성을 판단 기준으로 삼는 근대 서양의 **합리주의**rationalism는 기본적으로 인간 중심이다. 이는 모든 인간을 존중하라는 올바른 인본주의이자 만인평등의 사상이며, 자유주의의 가장 기본적인 가치 기준으로 자리매김하여 역사발전에 크게 기여하였다. 그러나 근대 서양의 인본주의는 한편으로는 자연을 인간을 위한 수단으로만 보고 이용 대상으로만 파악하는 한계를 갖고 있다. 서양 합리주의의 시조 격인 데카르트는 "과학의 발달 덕분에 인간이 자연의 주인이자 소유자가 된다"고 말하였다(Descartes, 이현복 역, 220쪽). 이처럼 자연을 단지 인간을 위한 수단으로만 생각하는 바람에 근대 이후 인간은 발달된 과학을 이용해서 거리낌 없이 자연을 약탈해 왔고, 그 결과 수많은 동식물이 멸종되고 땅과 바다는 대규모로 파괴되어 오고 있다.

　자본주의 경제도 자연 파괴에 매우 큰 영향을 미쳐 왔다. 자본주의 하에서 기업들은 이윤 창출을 목적으로 끊임없이 지하자원, 산림자원, 해양자원을 개발이라는 이름으로 엄청나게 파괴하여 왔다. 여기에 과학과 기술의 발달이 덧붙여져, 자본주의에서의 상업화된 자연 파괴는 자본주의 이전 사회에서 자가소비를 위해 행해지던 자연 이용과는 비교가 안 될 정도로 대규모이며 빠른 속도로 이루어지고 있다. 수많은 동물의 멸종과 산림과 개펄의 대규모 파괴가 모두 자본주의가 정착된 지난 200년 사이에 이루어졌다. 이런 자연 파괴가 계속되면, 일찍이 밀이 염려한 상태, 즉 이 지구상에 인간이 키우는 가축과 사람들이 재배하는 식물을 빼고는 모든 동물과 식물이 사라진 세상(Mill, 『경제학원론』, 756쪽)이 올지도 모른다. 다행히 근래 들어 자연 보호에 대한 인식이 점차 세계적으로 확산되고 있기는 하지만, 자본주의하에서 기업과 개인들의 탐욕을 억제하기에는 아직 턱없이 부족한 것 같다. 이제 자연 보호는 단순한 자연 사랑의 수준을 넘어 인류의 생존 차원에서 실천되어야 할 것 같다. 이런 상태로 자연 파괴가 지속되면 기상 이변 등 지구의 환경이 악화되어 전 인류가 생존의 위협을 받을 것이다.

　자연을 포함한 모든 환경을 잘 보존하는 것은 나와 함께 살아가는 자연과 나의 후손에 대한 당연한 의무다. 자연 파괴는 단기적으로는 경제성장률을 높일 수 있을지 모르나 장기적으로는 자원을 고갈시키고 오염을 증대시키며 우리가 살고 있는 지구의 생태계를 파괴하여 인류의 생존 자체를 위협한다는 반성에서, 자연 친화적인 경제성장을 주장하는 **지속 가능한 발전**sustainable development이 1990년대 초부터 세계적인 공감을 얻고 있다. 이 개념에 따르면, 자연은 우리가 우리 자손들에게 물려주는 것이 아니라 우리 자손의 것을 우리가 잠시 빌려 쓰는 것이므로 잘 보존하였다가 돌려주어야 한다. 이는 우리가 우리 자손들과 상생해야 함을 의미한다고 볼 수 있다.

상생의 원리에서 보면, 자연을 존중하는 것은 당연하다. 자연도 우리와 상생하는 존재이기 때문이다. 근대 서양 과학 문명은 자연을 수단시해서 마구 파괴하여 왔다. 모든 인격을 수단이 아니라 목적으로 대하라고 말했던 칸트가 만일 오늘 살아서 탐욕스러운 인간들이 수많은 동식물을 멸종시키고 산하를 끝없이 파괴하는 것을 본다면, 인간만이 아니라 자연도 수단이 아닌 목적으로 대해야 한다고 말하지 않을까? 이런 면에서 인간을 자연의 주인이 아니라 자연의 일부로 생각했던, 근대 과학 문명 이전의 사고방식이 앞으로의 시대에 더 적합하다고 생각된다. 자연을 두려워해서 자연에 순응하며 산다는 것은 동양만이 아니라 서양에서도 근대 과학이 발달하기 전에는 마찬가지였다. **현재와 같은 무분별한 자연 파괴는 우리가 탑승하고 우주를 항해하는 지구라는 작고 아름다운 배를 우리 스스로 파괴하는 자해 행위다.** 인간의 권리가 존엄하다면 인간을 포함해 모든 생명체를 잉태한 자연 자체는 더 큰 존엄성을 갖고 있지 않을까?

자유 확대의 역사는 평등 확대의 역사로 고쳐 말할 수 있다. 신분,

성, 인종, 국적 등 인간을 차별하던 장벽들이 무너지고 사람들 간에 평등이 확대되어 온 것이 인류 역사의 발전이고, 이에 가장 크게 기여한 것이 자유주의의 보급이다. 이제는 사람과 동물을 가리지 않고 모든 생명과 존재의 존엄성을 동등하게 존중하는 방향으로 나아가야 하지 않을까? 자유주의가 보급되기 전, 사람들은 여러 이유를 내세우면서 다른 사람들을 차별하는 것을 당연시하였다. 불과 100년 전만 해도 우리나라에서 양반은 상민과 천민을, 상민은 천민을 사람 취급하지 않고 마음대로 때렸으며, 심지어는 죽이는 일도 적지 않았다. 그러나 자유주의의 평등사상이 보급된 지금은 누구나 이를 잘못이었다고 생각한다. 마찬가지로 언젠가는 동물도 사람과 같은 소중한 생명이므로 이를 학대함은 잘못이라는 것이 상식이 되어, 동물을 살육하거나 학대하는 일이 사회적으로 용납되지 않는 날이 올지 모른다. 이미 이런 생각을 갖고 있는 사람들이 적지 않다. 식량이 부족해서 불가피하게 동물을 양식으로 삼는 것은 어쩔 수 없으나, 식도락이나 재미를 위해 생명을 살육하는 것은 비윤리적인 일이다. 다른 동물들은 마음대로 죽이면서 우리 인간만 잘사는 세상을 만들겠다는 것은 염치없는 짓이 아닐까? 인간의 원죄는 에덴동산에서 사과를 따 먹은 것이 아니라, 다른 생명들을 마구 살육하는 것이 아닐까? 아직 인본주의도 제대로 확립되어 있지 않은 현실에서 이를 초월하는 윤리를 말하는 것이 시기상조이지만, 장기적으로 보면 이러한 방향으로 윤리관이 확대되어 가야만 지구와 인류의 존속이 가능하고 사람들 사이의 싸움도 사라질 것 같다.

6

노사화합과 기업공동체 형성

노사분규가 발생하는 것은 노사관계를 적대적 갈등 관계로 보기 때문이다. 그러나 노사관계야말로 전형적인 상생적 갈등 관계이다. 서로 상대방이 없으면 존재할 수 없기 때문이다. 경제학에서 노사관계를 적대적 제로 섬 게임으로 보는 것은 마르크스 경제학과 영미 주류 경제학의 공통된 견해다. 마르크스가 노사간을 적대적으로 본 것은 말할 것도 없고, 영미 주류 경제학도 애덤 스미스 이래로 노동자와 자본가는 분배에서 서로 적대적인 관계에 있다고 보았다. 노동자의 임금과 자본가의 이윤이 서로 상충 관계에 있다고 보기 때문이다. 그러나 이런 관점은 다음의 두 가지 점에서 오류를 범한다. 하나는 기업의 이익을 고정된 것으로 본다는 것이고, 둘은 자본주의 경제에서 자본가와 노동자 간의 상생 관계를 간과하고 있다는 것이다.

사물을 분석하는 데는 정태적 분석과 동태적 분석의 두 가지 방법이 있다. **정태적 분석**靜態的 分析(static analysis)이란 시간의 경과에 따른 변화를 고려하지 않고 일정 시점에서 사물을 고찰하는 것이요, **동태적 분석**動態的 分析(dynamic analysis)이란 시간의 경과에 따른 변화를 고찰하는 것이다. 정태적으로 보면, 노사간에 나눌 기업의 총수익 크기가 고정되어 있으므로 노사간 분배는 분명 제로 섬 게임이며, 노사간에 적대적 갈등이 발생한다. 그러나 동태적으로 보면, 노사가 서로 상생적으로 협력해서 회사를 발전시켜 나눌 총수익을 증대시킴으로써 노사 모두의 몫을 늘리는 플러스 섬 게임plus sum game 또는 윈윈 게임win-win game이 가능하다. 이는 노사간에 적대적 갈등을 계속하여 회사의 총수익을 감소시키는 것보다 노사 모두에게 분명 유리한 결과이다. 회사의 총수익이 감소하더라도 노사 중 어느 한쪽의 몫을 감소시켜 다른 한쪽의 몫을 증대시키는 것이 가능한 경우도 있으나, 장기적으로 회사의 총수익이 감소하면 결국은 양쪽 모두의 몫이 감소할 것이다. 따라서 장기적으로 보면, 노사 모두 상대방을 상생의 상대로 인정하고 서로 협력해서 회사를 발전시켜 양쪽 모두의 몫을 증대시키는 것이 유리함은 명약관화한 사실이다. 기업은 한순간에만 존재하는 것이 아니고 몇 십 년 또는 몇 백 년 계속 사업을 운영하는 조직이므로, 양쪽 모두 정태적으로보다는 동태적으로 생각함이 옳을 것이다.

노사 대립이 발생하는 또 하나의 이유는 노사 양쪽이 노사간의 관계가 근본적으로 상생의 관계에 있음을 간과하는 탓이 아닌가 한다. 근로자 없이 기업이 돌아갈 수 없고, 기업 없이 근로자들이 일자리를 얻을 수 없으므로 근로자와 기업은 기본적으로 상생의 관계임은 누구나 알 수 있다.

그럼에도 불구하고 노사간 갈등이 끊이지 않는 이유는 집단이기주의에 빠진 노동조합의 무리한 요구에도 있지만, 근로자들을 상생의 파트너로 보지 않고 돈벌이의 수단으로만 보는 기업에 있는 경우가 많다. 특히 근래 들어 신자유주의가 유행하면서 이런 경향이 더욱 강화된 것 같다. 현재 신자유주의가 실업과 빈부격차의 확대라는 자본주의의 폐단을 더욱 확대시키는 가장 큰 이유는 신자유주의가 사회의 일반 규범norm 내지 사회 분위기를 비인간적인 것으로 바꾼 데 있는 것 같다. 앞서 상생의 원리에서 본 바와 같이, 사람은 개인이긴 하지만 동시에 사회적 존재이므로 생존과 보람을 위해 반드시 공동체의 일원으로 살아가야 한다. 사람들은 자본주의 사회 이전의 시대에는 마을이나 대가족이라는 공동체의 일원으로 살았다. 자본주의 사회가 되면서 이런 전통적인 공동체는 사라졌다. 대부분의 사람들에게 이제 남은 공동체는 핵가족과 국가뿐이다. 그러나 핵가족은 공동체로서 너무 작다. 구성원의 복지를 담당하기에는 재력이 부족하며, 구성원이 직계 가족에 한정되어 있어서 개인의 연장에 불과하다. 반면에 국가는 공공복지제도를 제공할 수 있지만, 구성원들이 너무나 많아 일상생활에서 분명한 소속감을 피부로 느끼기가 힘들다. 핵가족과 국가 사이의 규모의 공동체가 필요하다.

공동체의 기본 성격은 생활을 함께 해결하는 생활 공동체이다. 생산이 생활의 기본이고, 자본주의에서는 생산의 단위가 기업이므로, 자본주의에서 기업이 공동체의 역할을 담당하는 것은 정상적이자 당연한 일이다. 크루그먼Paul Krugman(1953~)이 지적한 바와 같이, 신자유주의가 팽배하기 전에 이 역할을 담당했던 것은 기업이었다(Krugman, 2002). 미국에서만이 아니라 일본과 우리나라에서도 정상적인 기업들은 대부분 종업원들에게 상당한 정도로 공동체의 기능을 제공하였다. 기업들은 종업원들에게 정년까지 근무를 보장해 주고 퇴직 시 퇴직금을 주었을 뿐만 아니라, 퇴직 후에도 사내 복지제도를 제공해 노후를 돌보아 주는 기업들이 많았다.

기업의 이런 기능을 신자유주의가 박탈하였다. 이제 기업의 목적은 주가를 상승시켜서 주주들의 이익을 증진시키는 것으로 전락하였다. 이에 도움이 된다면, 대량 해고도 초거액의 임원 봉급도 장려된다. 공동체로서의 기업의 역할은 사라졌다. 이를 **기업의 탈공동체화**라고 부를 수 있을 것이다. 기업의 탈공동체화는 현재 비단 우리나라에서만이 아니라 세계적으로도 실업과 빈곤의 증대, 이에 따른 가족 해체와 범죄의 증가, 그리고 국가간 분쟁과 환경 파괴 같은 자본주의의 실패를 증대시키는 주원인의 하나로 작용하고 있다.

신자유주의의 관점은 두 가지 점에서 심각한 문제가 있다. 하나는 윤리적 존재로서의 인간을 부정함으로써 인간소외를 초래한다는 것이요, 둘은 장기적으로 경제적 관점에서도 오히려 기업에게 불리하다는 것이다. 신자유주의 입장에 서면 기업의 유일한 목적은 이윤 극대화이고, 근로자들은 이를 위한 수단에 불과하다. 회사의 이윤을 위해 근로자의 처지는 전연 고려할 필요가 없다. 이런 입장은 윤리적 존재로서의 인간을 부정하는 것이다. 윤리적 존재로서의 인간이란 자기 자신만이 아니라 타인을 배려하는 인간이며, 타인을 수단이 아닌 목적으로 대하고, 타인의 처지에서 타인을 이해하고 대우하는 인간이다. 앞서 살펴본 상생도 윤리적 존재로서의 인간을 강조한 것이다. 인간이 인간으로서의 존엄성을 가질 수 있고, 생의 보람과 낙을 찾을 수 있으며, 문화와 문명을 꽃피워 온 것은 인간이 윤리를 갖고 있기 때문이다. 인류의 생존도 윤리가 없으면 불가능하다. 상생의 윤리가 없는 곳에서는 끝없는 상호 투쟁과 파멸만 있을 것이다.

현재 우리나라의 직업윤리도 이러한 사고방식에 지배당하고 있는 것 같다. IMF 환란 이후 신자유주의가 유행하면서 이런 경향이 두드러지게 나타나고 있다. 이윤 극대화만이 기업의 목표라는 편협한 생각이 당연시되어, 기업들은 이윤 창출을 위해 근로자들을 인간으로 대하지 않고 기계처럼 돈을 벌기 위한 수단으로 대하는 경향이 많아졌다. 평생직장을 제공하는 공동체로서의 기업의 개념은 상실되었다. 기업과 직원은 서로 상대방을 자신의 돈벌이를 위한 수단으로만 생각하게 되었다. 당연한 결과로 직업윤리는 땅에 떨어졌다. 직원들은 자신들의 직무에서 생의 보람과 낙을 찾기보다는 그 직무를 이용해 가능한 한 빨리 최대한의 돈을 벌어 언제 닥칠지 모르는 해고에 대비할 생각만 하게 되었다. 그 결과는 생산성의 하락과 노사관계의 악화로 나타나고 있다.

　사람을 독려하는 방법에는 세 가지가 있을 것이다. 하나는 채찍이요, 둘은 당근이요, 셋은 설득과 감동이다. 설득과 감동은 마음을 움직여 자발적인 노력을 끌어내는 것이다. 신자유주의의 기업들은 해고 위협이라는 채찍과 금전적 보상이라는 당근의 두 가지 방법만으로 직원들의 생산성을 높이려 하고 있다. 그러나 집에서 키우는 강아지들도 채찍과 당근만이 아니라 진정한 사랑을 줄 때 주인에게 애정과 충성을 보인다. 자존심과 이성이 있는 인간에게는 두말할 필요도 없다. 천박한 신자유주의의 **천민자본주의**는 인간을 강아지보다도 못한 존재로 취급하고 있다.

　정부, 기업, 학교 또는 가정 등 모든 인간 조직에서, 어떤 결정이 진정한 효과를 나타내려면 반드시 **설득효과**persuasion effect가 있어야 한다. 설득효과란 그 결정이 왜 필요한지를 당사자들에게 납득시켜서 당사자들의 자발적 협조를 이끌어 내는 것을 말한다.[63] 사람은 기계가 아니라 감정과 머리가 있는 존재이므로, 납득이 되는 요구에는 순응하지만, 납득이 되지 않는 결정(요구)에 대해서는 반드시 반발한다. 요구를 무효화하기 위해서 투쟁하거나, 아니면 회피할 방법을 강구하게 된다. 설득효과 없이 힘으로 강요하는 결정은 정부 정책도, 기업의 인

---

63 설득효과란 필자가 이름 붙인 용어이다.

사 발령도, 자녀에 대한 부모의 훈계도 모두 당사자의 반발을 초래해 목적을 달성하기가 힘들다. 1993년에 실시한 금융실명제가 성공할 수 있었던 것은, 대부분의 국민이 그 필요성을 이해하고 따랐던 덕분이다. 즉, 설득효과를 가졌던 덕분이다. 반대로 2004년 국회의 대통령 탄핵과 정부의 수도이전정책, 현 정권의 대운하정책이 실패한 것은 이들 결정이 설득효과를 갖지 못해 국민들과 헌재의 반발을 초래했기 때문이라고 볼 수 있다.

설득에 필요한 것은 적어도 두 가지다. 하나는 상호간의 신뢰이며, 둘은 논리적 또는 이성적 설명이다. 설득하려면 상대방의 가슴과 머리를 모두 움직여야 한다. 사람을 돈벌이 수단으로만 보는 신자유주의의 경영 방식은 이 두 가지가 모두 거꾸로 가고 있다. 이윤만을 추구하는 천민자본주의적 경영 방식은 근로자의 가슴도 머리도 움직일 수 없고, 직원들의 직업윤리는 실종될 수밖에 없다. 이런 점에서 현재 우리나라에서 직업윤리가 실종된 데는 집단이기주의에 빠진 노동조합만이 아니라, 신자유주의에 경도된 경영진의 책임, 그리고 이를 북 치고 꽹과리 치면서 장려한 우리 정부의 책임도 대단히 크다. 돌팔이 의사가 사람 잡은 셈이다. 상생의 원리에 입각해서 경영진들이 기업을 공동체로 파악하고, 단기의 회사 이익만 아니라 직원들의 복지도 동시에 고려할 때 경영진과 직원들은 일심동체가 되어 직원들의 고용이 보장되고 처우가 개선될 뿐만 아니라, 장기적으로 기업의 이익도 크게 증대될 것이다.

경영진과 종업원들이 모두 상대방을 상생의 동반자로 여겨 기업을 자신이 평생을 살아갈 공동체로 생각하고, 주인의식을 갖고 자발적으로 열성과 정직과 창의력과 협동심을 발휘할 때 회사가 발전하고, 그 이익을 경영진과 종업원들이 함께 나누어 가질 수 있을 것이다. 이는 최근 신자유주의의 유행으로 무시당해 왔던 진부한 애기지만, 진리는 원래 진부한 것이 아닌가 싶다.

기업이 공동체 역할을 회복하려고 할 때 제기되는 문제는, '과연 그래도 기업이 현재처럼 전 세계의 기업을 상대로 경쟁해 가며 생존하고 번영할 수 있는가'일 것이다. 아마도 그럴 수 있을 것이다. 기업의 공동체로서의 역할은 기업에 부정적인 효과와 긍정적인 효과를 동시에 갖고 있다. 부정적인 효과는 단기적 비용 증대 효과다. 공동체 역할을 하기 위해 필요한 때에 직원들을 해고하지 않는다면 기업은 단기적으로 손해를 볼 것이다. 또 직원들의 정년 보장은 직원들을 나태하게 만들어 생산성을 떨어뜨릴 가능성이 있다.

그러나 이와 같은 생각은, 직원들이 생각과 감정을 가진 살아 있는 인간임을 간과하는 것이다. **사람은 눈앞의 이해관계에만 반응하는 단세포적인 동물이 아니라 자존심과 애정이 있으며, 미래에 대한 고려도 하는 감정과 이성을 가진 존재이다.** 이러한 인간으로서의 특징 때문에, 기업이 공동체 역할을 포기하면 오히려 기업의 생산성과 경쟁력을 떨어뜨릴 수 있으며, 반대로 기업이 공동체 역할을 함으로써 기업의 생산성과 경쟁력을 높일 수 있다. 과거 평생직장이 보장되던 때에는 내부 부정이 거의 없었던 우리나라 은행에서 평생직장제도가 무너진 다음 내부 부정이 대량으로 발생하고 있다. 기업이 단순한 영리 수단으로 자신을 대우하지 않고 공동체로서의 보호자 역할을 할 때, 기업에 대한 직원의 충성심은 강해져 기업의 생산성이 높아질 수 있다.

이를 잘 보여주는 이론이 현재 미국에서 각광받는 **효율적 임금 이론** efficiency wage theory이다. 효율적 임금이란 자유 경쟁을 통해 노동 시장에서 결정되는 임금보다 더 높은 수준으로 지불되는 임금을 말한다. 통상 실업이 증대하면 기업들은 임금을 인하해야 한다. 그러나 미국에서 많은 기업들이 실업이 증대하는 데도 임금을 삭감하지 않는 현상, 즉 효율적 임금이 지불되는 현상이 발생하고 있다. 이는 신자유주의 입장에서 보면 분명 불합리하다. 그러나 효율적 임금 이론은 효율적 임금이 직원들의 회사에 대한 충성심을 높임으로써 근무 태만을 예방하고, 이직률을 낮추어 훈련 비용을 절약하게 하며, 유능한 직원을 확보하게 하고, 직원들의 정직성을 높이며, 직원들의 건강을 증진시킴으로써 결과적으로 회사에도 이익임을 지적하였다(Yellen, 1984; Akerlof & Yellen, 1986).

공동체 기업을 운영하는 방법에는 여러 가지가 있을 것이다. 근로자들의 주식 보유를 통해 노조가 경영에 참여할 수도 있고, 근로자들의 주식 보유와 상관없이 노조의 부분적 경영 참여를 허용할 수도 있으며, 아예 회사를 생산조합으로 만들 수도 있고, 일반 회사를 유지하면서 경영진과 노조가 협조해 가며 운영할 수도 있다. 중요한 것은 회사의 경영 형태가 아니라 경영진의 지도력과 노사간의 상호 신뢰일 것이다. 노사간에 불신이 존재한다면 어떤 형태의 기업이라도 공동체 역할을 할 수 없을 것이다. 노사간에 신뢰를 만들어 가는 것이 경영자의 우선 책임이다.

노사간의 신뢰에 가장 중요한 것이 정년까지의 고용 보장인 것 같다. 언제 나갈지 모르는 근로자들에게 회사를 사랑하기를 바랄 수는 없다. 정년이 보장되면 요령 피우는 무임 승차자들이 나타날 것을 걱정하지만, 이것은 직장의 분위기로 충분히 예방할 수 있다. 모두가 적당히 일하는 회사에서 혼자 열심히 일하기가 힘든 것처럼, 모두가 열심히 일하는 회사에서는 누구나 열심히 일하게 된다. 분위기에 지배받는 것이 사람이기 때문이다. 그렇지 않은 극소수의 예외도 있겠지만, 이것을 감안하더라도 정년을 보장하여 절대 다수의 근로자들로 하여금 열심히 일하도록 하는 것이 회사에 더 유리할 것이다.

4장

사회발전의 의미와 방법

I

사회발전의 의미

요즘 사람들은 대부분 사회가 뒷걸음치는 경우도 있으나 장기적으로 보아 진보(발전)한다고 생각한다. 그러나 사회가 진보한다는 생각이 나타난 것은 서양에서는 17세기 정도부터이며, 우리나라를 포함한 아시아에서는 100년도 채 안 된다. 그도 그럴 것이, 그 이전 수천 년 동안 동서양을 막론하고 찬란한 문명을 자랑하던 로마제국이 무너지고 이보다 문명이 낙후했던 중세가 등장한 것이나, 아시아의 대부분 왕조들이 전성기를 지나면 부패와 내란으로 쇠망하고 새 왕조가 나타난 것처럼 사회가 거꾸로 더 나빠지는 경우도 많아서, 사람들이 사회가 장기적으로 발전한다는 생각을 갖기 힘들었다. 동서양을 막론하고 근대 이전의 사회에서는 대부분 사회는 번영과 쇠망을 교대한다고 생각했으며, 이상향은 미래가 아니라 먼 과거에 존재했다고 생각하였다.

과거 중국 사람들은 4000여 년 전의 전설 시대인 요순시대가 가장 살기 좋았던 이상향이라고 생각했으며, 서양 사람들은 2000여 년 전의 고대 그리스와 로마를 이상향으로 동경하였다.

사회가 발전한다는 생각은 대략 300~400년 전 서양에서 처음 등장한 것 같다. 서구에서 대략 16세기경부터 자본주의 사회가 본격적으로 등장하면서 경제가 차츰 발전하여 일반인들의 경제생활 수준이 점차 향상되었고, 이를 토대로 민주 정치와 법치주의도 발전했으며, 예술과 문화도 발전하여 사회 전반이 장기적으로 발전한다고 사람들이 생각하기 시작하였다. 이에 따라서 사회는 발전하며, 인간의 노력에 의해 개선시킬 수 있다는 생각이 근대 서양 사람들에게서 나타났다. 그리하여 자유주의, 계몽주의,[64] 사회주의, 국가주의 등의 여러 생각이 17세기부터 서양에서 등장하기 시작하였다. 특히 자본주의 경제 발전과 시민혁명이 가장 먼저 나타났던 네덜란드와 영국에서 그러하였다. 중소 상공인(부르주아)들은 자본주의 경제발전의 혜택을 가장 많이 입은 덕분에 역사발전을 신봉하는 낙관적인 세계관을 갖게 되었다. 이들의 생각을 대변한 것이 17~19세기 서양의 자유주의자들이었

---

64 인간의 이성, 근대 자연과학 및 진보를 믿고, 가톨릭의 교조주의와 기존의 구체제를 무너뜨리고 자유와 평등이 실현되는 합리적인 사회를 만들자는 대중 운동이 지식인의 선도로 특히 18세기에 영국, 프랑스, 독일, 러시아, 미국 등 구미에서 활발하게 나타났는데, 이를 계몽주의(enlightenment)라고 부른다. 자유주의와 달리 계몽주의는 주로 18세기에 한정하여 사용되며, 그 안에는 사회주의, 국가주의 등 다양한 이념들이 존재했으나 주류는 자유주의였다. 프랑스 대혁명과 미국 독립혁명은 계몽주의의 대표적인 성공 사례다.

다. 이들은 전제 군주와 가톨릭교회가 지배하던 구체제를 비판하고, 사회는 발전할 뿐만 아니라 이성을 이용한 인간의 노력에 의해 기존의 사회를 보다 좋은 사회로 바꿀 수 있다고 생각하였다. 이들은 시민혁명을 통해 민주주의와 법치주의, 자유방임의 자본주의 경제를 건설함으로써 이러한 자신들의 생각을 현실에 구현하였다.

사회발전을 주장하는 대표적인 이론이 **역사발전단계설**인데, 최초의 역사발전단계설은 1750년경에 영국의 스미스Adam Smith와 프랑스의 튀르고Anne Robert Jacques Turgot(1727~1781)에 의해 각각 독립적으로 제시되었다.[65] 두 사람 모두 자유주의자였다. 그 후 19세기에는 밀, 마르크스, 헤겔 등에서 잘 나타난 바와 같이, 사회는 진보한다는 생각이 서양 지식인들에게 보편적으로 나타났다. 그 후 사회발전이라는 서양의 생각이 20세기 초에 동양을 비롯한 전 세계로 전파되었다.[66]

100년 전이나 50년 전의 우리나라와 비교해 볼 때, 현재 우리나라

---

65 스미스는 그의 『법학강의록』(459쪽)에서, 인간 사회는 수렵, 목축, 농업, 상업의 네 단계로 발전해 왔다고 주장했으며, 튀르고도 이와 동일한 생각을 1750년경에 발표했다고 한다 (Meek). 이들의 역사발전단계설은 서양 사회가 원시 공산 사회, 노예제 사회, 중세 봉건 사회, 자본주의 사회로 발전해 왔다는 마르크스의 역사발전단계설보다 약 100년 정도 빠르다.
66 동양에서 발전이라는 말이 최초로 쓰인 것은 중국 근대 혁명의 아버지인 쑨원(孫文)이 1922년에 영문으로 *The International Development of China*라는 책을 출판한 것이다. 이 책에서 그는 외국 자본의 지원을 받아 중국의 경제개발을 추진하는 대규모 경제계획을 제안하였다. Arndt, 51쪽.

가 많이 발전했다는 것은 대부분 인정할 것이다. 자연 파괴, 전통 윤리의 타락, 이혼율과 범죄 및 자살률의 증가, 공동체의 붕괴 등 더 나빠졌다고 볼 수 있는 것들도 적지 않고, 이를 중시하여 우리 사회가 근대에 들어 발전한 것이 아니라 퇴보했다고 생각하는 사람들도 더러 있을 것이다. 그러나 대부분의 사람들은 이런 문제들에도 불구하고 우리 사회는 지난 100년간 크게 발전했다고 생각할 것이다.

그러면 무엇을 근거로 우리 사회가 발전했다고 생각할까?

첫째는 경제생활 수준의 향상이다. 구한말과 일제 강점기, 아니 불과 30~40년 전만 해도, 난방 시설도 변소도 제대로 없는 좁은 방이나 집에 살면서 제대로 먹지도 입지도 못했으며, 아이들을 학교에 보내는 것도 몹시 힘들었던 고생스러웠던 세월을 생각하면 그간 우리나라가 발전했다는 데 이의를 달 사람은 별로 없을 것이다. 사람에게 가장 중요한 것은 생존이고, 생존에 필요한 의식주 문제를 해결하는 것이 경제발전이므로, 경제발전은 모든 사회발전의 토대이다. 경제가 발전해 우선 의식주가 해결되어야 정치, 예술, 학문 등 다른 것들이 발전할 수 있을 것이다.

우리 사회가 발전했다고 생각하는 두 번째 이유는 자유와 평등의 확대(사회적 억압과 차별의 감소)이다. 앞의 2장에서 본 바와 같이, 이는 본원적 평등과 사회적 평등의 확대를 의미하는 만인평등의 확대를 말한다. 2장에서 말한 바와 같이 논리적으로 평등의 확대는 자유의 확대를 포함하지만, 자유를 강조하기 위해 자유와 평등의 확대라고 말하기도 한다. 밀이 말한 바와 같이 "생존의 문제가 해결된 다음, 인간이 개인적으로 가장 강하게 욕망하는 것은 자유다"(Mill, 『경제학원론』, 208쪽). 생존의 문제를 해결하는 경제발전 다음으로 중요한 발전은 자유의 확대이다. 자유는 만인평등의 실현이라고도 말할 수 있다. 자유란 억압과 차별로부터의 해방을 의미하는 것이기 때문이다. 동서양을 막론하고 과거에는 신분, 성, 종교, 인종, 재산 등을 이유로 다른 사람을 무척 심하게 차별하고 억압하였다. 이런 사회적 억압과 차별이 거의 없어졌다는 것만으로도 우리 사회는 분명히 발전했다고 말할 수 있다. 양반집 어린애가 평민 노인에게 반말로 함부로 명령하는 세상이 사라진 것만으로도 우리나라는 분명 발전하였다.

아직도 만인평등의 실현은 대단히 불충분한 상태이다. 아직 여러 가지의 잘못된 차별이 남아 있지만, 그중에서도 절대빈곤에 의한 차별이 가장 중요한 문제라고 생각된다. 끼니 해결이 힘들고, 병에 걸려도 치료를 받지 못하며, 학교에 다니지 못하고, 억울한 일을 당해도 소송 비용이 없어서 포기하는 사람들이 많다. 빈곤 문제는 차별의 문제가 아니라고 말하기도 한다. 상대적 빈곤은 당연한 것이지만, 인간으로서의 존엄성을 박탈당하는 절대빈곤은 만인평등과 분명 배치된다. 인간의 기본권을 모든 사람에게 보장하는 것이 만인평등의 기본 내용인데, 절대빈곤은 기본 인권인 생존권을 박탈하기 때문이다. 학벌, 지역, 재산, 성, 권세, 인종, 종교 등을 기준으로 한 차별도 우리의 마음속과 실제 행동에 많이 존재한다. 또한 장애인, 후진국 출신 외국인,

미혼모, 동성애자 등 사회적 소수자에 대한 차별도 엄존하다. 국제사회에서는 국내사회에서보다 차별이 훨씬 심하다. 전쟁은 국제사회에 차별이 존재함을 단적으로 보여준다. 과거보다는 국가간 전쟁이 많이 줄어들긴 했지만, 아직도 강대국의 무도한 폭력이 국제사회를 유린하고 있다.

인류 문명이 발전함에 따라 차별이 점차 축소되고는 있지만, 부당한 차별은 현재에도 미래에도 항상 존재할 것이다. 이런 차별을 축소해 나가는 것이 **사회진보**일 것이다. **진보주의**progressivism란 바로 사회적 차별을 철폐해 나가는 운동이라고 볼 수 있다. 이런 의미에서 진보주의란 오늘날 우리 사회를 비롯해 어느 나라 어느 시대에나 항상 필요한 것이다.

이상에서 본 빈곤 해소와 사회적 자유와 평등의 확대는 사회발전을 가늠하는 가장 중요한 척도일 것이다. 이 두 가지에 하나 더 추가되어야 할 것이 있다. 그것은 상생의 증대다. 증오나 범죄와의 싸움이 사라져야 좋은 사회라고 할 수 있을 것이다. 현재 미국은 대표적 선진국이지만 인구의 무려 1퍼센트가 감옥에 수감되어 있고(Gray, 2002, 113쪽), 총기 범죄로 매년 수많은 사람들이 살해되며, 약 5000만 명이 의료보험이 없어서 중병에 걸려도 치료받지 못하는 나라다. 이런 사회를 좋은 사회라고 말할 수는 없을 것이다. 범죄, 내란, 전쟁 등은 모든 풍요와 평안을 삽시간에 앗아 간다. 사람 사이를 증오가 지배하는 삭막한 사회에서 행복하게 살기란 힘들 것이다.

사람들을 괴롭히는 사회적 요인으로는 빈곤, 차별(억압), 싸움 말고도 가족간의 불화나 실연의 아픔, 건강 상실 같은 개인적인 요인과 지진이나 폭풍 같은 자연재해도 있다. 그러나 이런 요인들은 사회발전과 직접 연관된다고 보기 힘들 것이므로 논의에서 제외하기로 한다. 결국 **사회발전**social development은 빈곤을 해소하여 물질적 풍요를 증대시키고, 사회적 차별과 억압을 해소하여 자유와 평등을 확대하며, 분쟁과 전쟁을 추방하여 상생과 평화를 정착시켜 나가는 과정이라고 말할 수 있을 것이다.

이처럼 빈곤, 차별과 억압, 증오와 범죄, 싸움이 사라진 사회를 자유와 상생이 실현된 사회라고 말할 수 있을 것이다. 앞의 3장에서 말한 것처럼 사람은 개체성과 사회성을 모두 가지고 있고, 개체성의 원리는 자유이며 사회성의 원리는 상생이다. 사람은 개인적으로 누구나 빈곤, 차별과 억압에서 해방된 자유를 원한다. 자유란 궁극적으로 각자 자신이 자유롭게 선택한 인생의 목표를 성취해서 자신이 원하는 자신의 존재를 실현하는 것, 곧 자아의 인식과 실현이라고 볼 수 있을 것이다. 자아실현은 개체로서의 개인의 완성이라고 볼 수 있을 것이다.[67] 그러나 이것만으로는 부족하다. 사람은 혼자 사는 것이 아니라

---

67 서양에서 자유를 이처럼 자아인식과 자아실현으로 파악하는 것은 아리스토텔레스로부터 시작되었다고 한다. 아리스토텔레스는 식물의 씨앗이 점차 자라서 자기의 모습을 완성해 가는 것을 이에 비유했다고 한다.

다른 사람과 생명체, 나아가 자연과 더불어 살아가기 때문이다. 더불어 사는 바람직한 삶의 원리가 상생이다. 일찍이 밀은 다음과 같이 말하였다.

> 인간 본성을 위한 최선의 상태는 아무도 가난하지 않고, 아무도 더 부자가 되기를 원하지 않으며, 앞으로 더 나아가기 위한 다른 사람들의 노력 때문에 자신이 뒤로 밀리는 것을 두려워하지 않아도 되는 상태이다.
>
> Mill, 『경제학원론』, 754쪽

이와 같이 다른 사람으로 인해 자신이 피해를 입을 것을 두려워하지 않아도 되는 상태는 상생이 실현되었을 때 가능할 것이다. 나아가 사람들 간의 상생만이 아니라 다른 생명에 대한 무분별한 살생과 자연 파괴도 중단됨으로써 지구상의 모든 소중한 생명체와 자연이 잘 보존되어 인간과 자연 간의 상생 관계도 확립되어야 할 것이다.

우리가 바라는 **이상적 사회**는 자유와 상생이 동시에 실현된 사회, 즉 모든 사람이 빈곤, 차별과 억압, 증오와 싸움에서 벗어나 각자 자신이 선택한 자아를 실현할 수 있으며, 사람 간에 우애가 가득 찬 사회, 그리고 사람과 자연이 함께 기쁨을 누리는 사회일 것이다. 여러모로 부족한 인간들이 이런 사회를 이 세상에 만들기란 지난할 것이다. 그러나 적어도 이런 방향으로 조금씩 나아가야 할 것이다. 이런 면에서 미국보다는 북구가 우리가 지향할 사회에 더 가까운 것 같다. 미국은 자유는 있으나 상생이 부족하여 하위 계층의 빈곤이나 생활의 불안정, 범죄와 인간소외가 매우 심한 반면에 북구 국가들은 자유와 상생 간의 균형을 이루어 대부분의 사람들이 자유와 풍요, 상생을 모두 누리고 있다고 생각되기 때문이다. 물론 우리나라가 당장 북구의 모델을 채택할 수는 없다. 북구와 같은 대규모의 공공복지제도를 운영하려면 지금보다 훨씬 더 많은 세금을 내야 하는데, 이에 우리 국민들이 동의하지도 않을 것이며, 설사 재원이 조달되었다고 하더라도 현재와 같은 공무원과 국민의 윤리 수준으로는 엄청난 부패와 비리, 비효율이 발생할 것이다. 그러나 당장은 시행할 수 없더라도 자유와 상생을 동시에 추구하는 북구 모델이 우리나라가 장기적으로 지향할 모델이라고 생각된다. 미국같이 자유만 추구하는 사회를 지향하면 빈부격차, 인간소외와 환경 파괴가 더욱 악화되어 종국에는 중남미 국가들처럼 무법천지의 끔찍한 사회가 될 것이다.

2

사회발전의 요인

다음 〈그림〉은 사회발전의 요인들과 인과관계를 나타낸 것이다. 그림에서 제일 아래에는 자유와 상생의 사회 실현이라는 발전의 궁극적인 목표가 표시되어 있으며, 제일 위쪽에는 과학·기술의 발전, 물적 시설의 개선, 사회제도의 개선 및 의식·문화의 발전이라는 사회발전의 일차적인 네 가지 기본 요소가 표시되어 있다. 네 가지 기본 요소가 발전하면 생산성 향상, 분배 개선, 상생과 관용 문화의 발달, 교류·협력의 확대가 달성될 것이고, 이는 빈곤 해소를 비롯해 사회적 차별과 억압의 해소, 증오와 범죄, 전쟁을 추방하여 자유와 상생의 사회를 실현시킬 것이다.

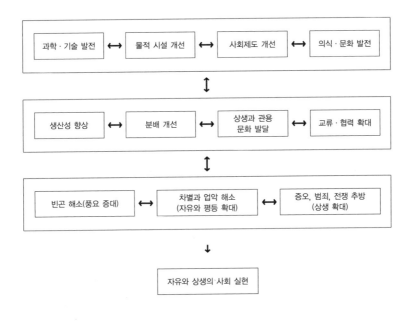

<그림> 사회발전의 인과관계

경제발전을 위해서는 생산성 향상만이 아니라 분배 개선도 필요하다. 생산 증가의 효과가 사회 구성원 전체에 골고루 퍼지지 않고 소수에게 집중된다면, 진정한 경제발전이 아닐 뿐만 아니라 사회의 갈등과 억압을 지속시켜 자유와 상생이 확대되지 못할 것이다. 생산성 향상을 위해서는 사회·경제 제도와 의식·문화의 발전이 필수적임은 말할 필요도 없을 것이다.[68] 경제·사회 제도는 생산성만이 아니라 분배의 형평성(공정한 분배)에도 직접적인 영향을 미칠 것이다. 밀이 말한 바와 같이, 분배는 기본적으로 경제·사회 제도의 문제이기 때문이

다.[69] 예를 들어 소득세, 재산세, 상품세(부가가치세) 등 각종 세금은 분배에 직접 영향을 줄 것이다. 가족제도나 교육제도와 같은 사회제도 역시 분배에 직접 영향을 줄 것이다. 〈그림〉에 나와 있는 나머지 인과관계는 쉽게 알 수 있는 자명한 것이므로 구태여 설명할 필요가 없을 것이다.

모든 사회현상은 서로 영향을 주고받는다. 우선 각 줄 안의 요소들은 서로 영향을 주고받는다. 제일 위쪽 줄 안의 네 요소(과학·기술 발전, 물적 시설 개선, 사회제도 개선, 의식·문화 발전)는 모두 서로 영향을 주고받는다. 〈그림〉에는 서로 인접한 두 요소 간의 쌍방 인과관계만 표시되어 있지만, 인접해 있지 않은 요소들 간에도 쌍방 인과관계가 존재한다. 예를 들어서 과학·기술 발전은 물적 시설 개선만이 아니라 사회제도 개선과 의식·문화 발전과도 서로 영향을 주고받는다. 두 번째 줄 안

---

68 예를 들어 가혹한 조세제도, 통화의 남발로 인한 인플레, 비합리적이고 과다한 행정 규제, 근로 의욕을 억압하는 가혹한 노동 규제 등은 생산성을 떨어뜨릴 것이다. 반면에 경제제도의 개선은 기업의 기업가 정신과 노동자들의 근로 의욕을 높여서 생산성을 향상시킬 것이다. 비경제 분야에서의 제도 개선도 생산성에 큰 영향을 줄 것이다. 예를 들어 조선 후기와 같이 양반 관료의 가렴주구가 가혹한 나라에서는 국민들이 열심히 일할 수 없으므로, 생산성이 낮을 수밖에 없을 것이다. 의식과 문화의 발전도 생산성 증대에 직접적인 영향을 미칠 것이다. 예를 들어서 직업윤리(정직, 근면, 성실, 기업가 정신, 생활 개선에 대한 욕구 등)의 발전은 생산성을 크게 향상시킬 것이다.

69 "그러므로 부의 분배는 사회의 법과 관습에 의해 결정된다. 분배를 결정하는 규칙은 공동체 지배층의 의견과 감정에 의존하고, 시대와 나라에 따라 상이하며, 만일 인류가 원하면 앞으로 또 바뀔 것이다." Mill, 『경제학원론』, 199~200쪽.

의 네 요소도, 세 번째 줄 안의 세 요소도 서로 영향을 주고받을 것이다. 예를 들어 두 번째 줄 안에서 생산성이 향상되어 경제 전반의 생산이 증대하면 상생과 관용의 문화가 확대되고 교류와 협력이 증대되는 효과가 나타날 것이고, 반대 방향의 효과도 존재할 것이다. 다음 서로 인접한 줄들인 첫 번째와 두 번째, 그리고 두 번째와 세 번째 줄 간에도 〈그림〉에 표시된 바와 같이 서로 간에 도움을 줄 것이다. 예를 들어서 사회제도와 상생과 관용의 문화는 서로의 발전을 촉진할 것이며, 분배 개선은 차별과 억압의 해소와 서로 긍정적인 영향을 주고받을 것이다.

이와 같이 사회의 모든 물적·제도적·문화적 요인들, 그리고 정치·경제·사회·문화 등 사회의 모든 부문은 상호 영향을 주고받으면서 총체적으로 함께 발전한다. 이를 **총체적 사회발전**이라고 부를 수 있을 것이다.

사회발전 과정에서 어떤 부문은 빨리, 어떤 부문은 늦게 발전하지만, 일반적으로 경제발전이 사회발전의 토대가 되는 경향이 있다. 즉 경제가 사회 모든 부문의 발전을 선도하는 경향이 있다. 경제가 먼저 발전하면 정치와 문화, 윤리 등이 이에 부응해서 발전하는 것이 일반적이다. 세계사를 보아도, 지난 수십 년간 계속된 우리나라의 발전을 보아도 그러하다. 자본주의 경제는 서구에서 대략 12세기경 이탈리아에서 등장하기 시작하여 대략 16세기경에 대체로 서구 전체에 확립되었으며, 이를 토대로 15·16세기의 르네상스, 16·17세기의 종교개혁

및 17·18세기의 시민혁명이라는 문화, 사회, 정치의 발전이 이루어졌다. 근래 우리나라의 발전을 보아도 1960년대 이후에 경제발전이 이루어졌고, 이런 경제발전에 상응해서 사람들의 의식이 바뀌었으며, 정치 민주화도 이루어졌다. 이처럼 경제발전이 다른 부문의 발전을 선도하는 경향이 있는 것은, 의식주를 해결하는 일이 인간 생활에서 가장 중요하기 때문일 것이다. 물론 정치나 문화 같은 비경제적 부문이 경제발전에 결정적인 영향을 주는 것을 부정하는 것은 아니고, 다만 일반적으로 경제발전이 사회발전의 토대가 된다는 말이다. 스미스와 마르크스가 말한 바와 같이 경제발전은 모든 사회발전의 토대이다.[70]

발전의 속도와 순서는 각 부문 간에 차이가 있지만, 결국 모든 부문 간에 서로 상응하는 총체적인 발전이 이루어진다. 만일 다른 부문들이 발전했는데 어떤 한 부문이 발전하지 않고 그대로 있다면, 그 정체된 부문은 사회발전의 질곡으로 작용해 다른 부문들의 발전을 방해하므로 결국은 사회적 압력을 받아 발전하지 않을 수 없다. 예를 들어 과학기술, 물적 시설 및 의식은 발전하는데 법과 제도는 발전하지 않고 그대로 있다면, 법과 제도는 사회발전의 질곡으로 작용할 것이다. 이

---

70 경제발전이 사회발전의 토대라는 마르크스의 유물사관은 잘 알려져 있지만, 똑같은 주장을 스미스가 마르크스보다 100년 전인 1750년경에 글래스고대학 법학 강의에서 펼쳤다. 스미스는 경제발전은 모든 사회발전의 토대이며, 국가와 법은 부자들의 재산을 가난한 대중들로부터 보호하기 위해 등장했다고 보았다. 이근식(2006. 3), 88~93쪽.

런 경우에는 법과 제도의 발전을 요구하는 사회적 압력이 점차 거세져, 결국 법과 제도의 발전이 불가피해질 것이다. 1990년대 이후 한국의 민주화 과정이 이의 한 예다. 경제와 국민들의 의식이 발전함에 따라 기존의 군사독재체제가 이에 맞지 않게 되었고, 그 결과 민주화에 대한 국민들의 압력이 군부 정권이 억압할 수 없을 정도로 증대됨으로써 결국 민주화가 실현되었다. 그 밖에 오늘날 우리나라에서 나타나는 출산율 저하, 이혼율과 자살률의 증가도 모두 기본적으로 우리 경제의 변화에 기인한다고 볼 수 있다.

총체적 사회발전이 현 우리나라의 개혁에 시사하는 것은, 어느 한 부문만이 아니라 사회의 모든 부문을 동시에 개혁해야 하며, 또한 각 부문의 개혁이 서로 조화를 이루도록 하나의 일관된 패러다임으로 추진함으로써 사회 전체를 하나의 새로운 단계로 전환시켜야 한다는 것이다. 이런 점에서 민주주의와 법치주의의 확립, 효율적인 시장경제의 확립 및 건강한 시민의식과 윤리의식의 확립이라는 총체적인 개혁을 추진해야 한다는 당위성을 확인할 수 있다. 민주주의, 법치주의 및 시장경제는 상호 보완하며, 이 세 질서를 낳은 것이 자유주의라는 이념이기 때문이다.

3

이념 탈피

우리는 사회발전의 방법을 흔히 무슨 주의라는 이념에서 찾는 경향이 있다. 이념은 아직도 지식인들에게 강력한 유혹이다. 그러나 따지고 보면 이념은 별로 우리에게 좋은 길잡이가 되지 못하면서 우리를 편견과 아집의 노예로 만들어, 우리로 하여금 세상을 정확하게 바라보기 힘들게 하는 경향이 있다.

현재 우리나라에서 논의되는 이념들 거의 모두가 근대 서양에서 자본주의 산업사회의 문제들을 해결하기 위해 등장한 것들인데, 이들을 정확히 파악하고 이해하기가 매우 힘들다. 수가 많기도 하고, 똑같은 이름의 이념들이 사람에 따라, 또 시대와 사회에 따라 다른 의미로 사용되는 경우도 허다하다. 이런 혼란을 피하고 이념들을 쉽게 이해해 보자. 대체로 이념들은 가치관, 정치체제 및 경제체제라는 세 측면에서 고찰해 볼 수 있다.

  먼저 가치관과 관련해서 이념들을 생각해 보자. 공리주의, 자유주
의, 평등주의, 공동체주의, 민족주의 등 많은 근대 이념들이 각기 지향
하는 궁극적인 가치를 이름에 표현하고 있다. 그러나 이처럼 궁극적
가치를 기준으로 이념을 이해하는 것은 별로 도움이 안 된다. 그것은
적어도 세 가지 이유에서 그러하다. 첫째로, 어떤 사회에서나 가장 중
요한 가치는 하나가 아니라 여럿 있기 때문이다. 예컨대 개인의 자유
가 귀중한 것이긴 하지만, 그 밖에 경제적 평등과 정의, 행복도 똑같이
중요하다고 보아야 할 것이다. 둘째는 사람들이 자신이 믿는 가치관
만이 옳다고 독선을 부려 자기와 다른 가치관을 가진 사람들을 비난
하고 핍박한다면 사람 간에 필연적으로 분쟁이 발생하여 같이 살기
힘들 것이다. 사람마다 생각이 다른 것은 정상이고, 이런 다양성이 존
재해야만 사회가 풍요로워지고 발전할 수 있다. 자기와 다른 생각을
인정하고 존중하는 관용은 문명사회를 위한 필수 요소이다. 고대 로
마 사회, 중국 당나라나 청나라의 초기 전성기, 중세 이슬람의 전성기
등 역사상 위대한 사회들은 모두 관용의 미덕을 가지고 있었다. 반대
로 중세의 십자군 전쟁, 근대 유럽의 종교 전쟁, 제2차 세계대전과 같
이 참혹한 전쟁들의 주요 발발 요인은 모두 경제적인 탐욕과 함께 독
선적인 가치관이었다. 셋째로, 실제로 문제가 되는 것은 추구하는 궁
극적 가치 그 자체보다는 그것을 실현하는 정치 및 경제 체제라는 사
실이다. 예컨대 평등 그 자체보다는 그것에 구체적인 내용을 담고 그

것을 실현하는 정치체제와 경제체제가 현실적으로 문제이다. 따라서 가치관과 관련된 이념은 따질 필요가 별로 없다. 개인적인 가치관에 관해서는 앞 장에서 말한 바와 같이 가치다원론이 정답이다.

다음 정치체제와 관련해서 이념을 생각해 보자. 정치체제는 국정의 궁극적인 의사 결정자가 몇 명이냐에 따라서 세 가지로 나눌 수 있다. 의사 결정자가 한 명인 군주 정치나 독재 정치, 소수 몇 명인 과두 정치, 끝으로 사회 구성원 전체가 의사 결정에 참여하는 민주 정치의 셋이다. 아예 정부의 존재를 부정하는 무정부주의는 이 셋 중 어디에도 속하지 않지만, 이는 비현실적인 주장이므로 제외시킬 수 있다. 다수의 횡포, 정치 선동가에 의한 혼란이나 의회의 타락같이 민주주의도 매우 심각한 문제를 갖고 있지만, 세 가지 정체 가운데 민주주의가 명분과 현실에서 상대적으로 최선인 것은 사실이다. 독재 정권들조차도 자신들의 정치제도를 무슨 민주주의라고 치장한다. 정치체제에 관해서는 현대의 의회민주주의가 유일한 정답이다. 이처럼 정치체제에 관한 이념에 관해서는 논란을 벌일 필요가 없다.

경제체제에 관해서도 이념들이 별로 중요치 않다. 현실적으로 논란이 되는 이념은 대부분 경제체제와 관련되어 있다. 자본주의, 사회주의, 공산주의, 사회민주주의, 민주사회주의, 질서자유주의, 시장사회주의, 신자유주의, 조합주의 등 경제체제와 관련되어 많은 이념들이 등장해서 우리를 어지럽힌다. 그런데 찬찬히 보면 이름만 요란할 뿐 그 핵심은 간단하게 정리할 수 있다. 경제체제의 기본은 자본주의(시장경제)와 사회주의의 두 가지뿐이다. 이 요소들을 어떤 비율로 섞고 어떻게 실현하느냐에 따라 경제체제의 이름이 달라질 뿐이다. **자본주의**capitalism란 사유재산제도와 시장경제를 두 기둥으로 하는 경제체제이며, **사회주의**socialism는 자본주의의 사유재산제도와 시장경제를 부정하고 생산 시설의 공유와 계획경제를 특징으로 한다.[71]

현대에서 자본주의와 사회주의 두 가지만이 기본적인 경제체제지만, 현실에서 이 두 가지 중 어느 하나만으로 이루어진 경제는 하나도 없고, 모든 나라 경제에서 혼합 비율이 다를 뿐 이 두 경제가 함께 섞여 있다. 이미 붕괴된 과거의 소련과 구 사회주의 국가들, 현존하는 북한과 쿠바가 사회주의 경제다. 이들 국가에서도 일부에는 상품이 매매되는 시장경제가 존재한다. 또한 자본주의 경제라는 세계 대부분의 나라에도 사회주의 경제가 상당한 정도로 존재한다. 정부가 바로 사회주의 경제 부분이다. 국영 기업이나 국유지 같은 정부 재산은 모두 공유 재산이며, 정부의 경제 활동은 모두 예산이라는 중앙의 사전 계획에 의해 운영되기 때문이다. 이처럼 자본주의와 사회주의 경제가 섞여 있기 때문에 현실의 모든 경제는 혼합경제이다.

붕괴된 사회주의 국가들의 경험에서 알 수 있는 바와 같이, 사회주

---

71 공산주의communism는 사회주의의 한 형태로서 국가 단위로 운영되는 사회주의 경제를 말한다고 볼 수 있다. 사회주의 경제에는 국가 단위만이 아니라 작은 공동체를 단위로 운영되는 경우도 포함된다.

의 국가에서는 마르크스가 예측했던 것처럼 풍요와 사랑이 넘치는 지
상천국이 아니라, 일찍이 밀이 정확하게 예측한 것처럼 생산성의 하
락, 재산 대신 권력을 목표로 한 갈등과 반목, 개인 자유의 상실로 인해
자본주의보다도 더 못한 사회가 나타났다. 따라서 선진국 대부분이 그
러한 것처럼, 자본주의를 기초로 하면서 정부부문이 시장의 실패를 해
결하는 복지국가형 수정자본주의가 현재로서는 정답인 것 같다.

　우리나라에서도 지지자가 많은 사회민주주의나 민주사회주의도 모
두 의회민주주의라는 정치체제와 복지국가 경제라는 경제체제를 결
합한 국가를 주장하는 이념이므로, 기본적으로 이 두 이념은 같다고
볼 수 있다. **복지국가형 수정자본주의**란 경제에서 자본주의 경제의 비
율이 더 많긴 하지만, 빈부격차·불황·실업·독과점·공해와 같은 시
장의 실패를 완화하기 위해 정부라는 사회주의 경제의 비율이 상당히
높은 혼합경제를 말한다. 이 경제에서 정부의 비중이 상당히 높은 이
유는 공공복지를 위한 정부 지출이 높기 때문이다. 사회민주주의 국
가와 복지국가는 경제정책과 경제체제 면에서는 차이가 없다. 차이라
면, 집권 가능한 당으로서의 노동당이 있느냐 없느냐 정도인 것 같다.
예컨대 강력한 노동자 정당이 없는 미국이나 일본은 복지국가이긴 하
지만 사회민주주의 국가라고는 부르지 않으며, 집권 가능한 강력한
노동자 정당이 있는 서유럽 국가들은 사회민주주의 국가이면서 동시
에 복지국가라고도 불린다.

근래 우리나라에서도 관심을 끌고 있는 것이 **질서자유주의**order liberalism이다. 이는 제2차 세계대전 이후 서독의 경제정책 이념이고, 이 이념에 강력한 공공복지제도를 결합한 서독의 경제를 **사회적 시장 경제**social market economy라고 부른다. 오위켄이 확립한 질서자유주의 란 정부는 경제질서를 확립하는 것만 책임을 지고, 경제 활동은 자유로운 시장에 전적으로 맡기자는 주장을 말한다. 오위켄은 독점 금지와 물가안정을 가장 중요한 경제질서의 요소로 보았다. 이 경제 역시 일종의 복지국가형 수정자본주의 경제이다.[72]

1980년대 이후 전 세계를 풍미하고 있는 **신자유주의**the new liberalism 는 정치보다 주로 경제체제와 경제정책에 관련된 주장이다. 제2차 세계대전 후 선진 복지국가에서 시장의 실패를 시정하기 위한 정부의 경제 개입이 증가해 왔고 이에 따라 정부의 지출과 규모가 비대해졌으며, 각종 정부 규제가 증대되었다. 이 덕분에 구미 선진국들은 제2차 세계대전 이후 1970년대까지 전반적으로 장기 호황을 구가하였다. 그러나 한편으로 정부의 비대화는 정부의 비효율과 비리 및 개인의 권리 침해를 증가시켜 왔으며, 이와 같은 정부의 실패를 비판하고 등장한 것이 신자유주의다. 신자유주의는 작은 정부와 큰 시장을 지향하여 규제 완화, 민영화, 공공복지 축소, 노동 시장 유연화 등을 주장한다. 즉, 과거 19세기의 자유방임주의 경제로 복귀하자는 주장이다.[73]

---

72 질서자유주의에 대해서는 이근식(2007) 참조.

자본주의와 사회주의의 두 요소 어느 쪽에도 속하지 않는 경제를 주장하는 의미 있는 이념은 **조합주의** 정도이다. 자본주의 경제도 자본주의의 실패라는 문제를 갖고 있고, 사회주의 경제도 사회주의의 실패(생산성 하락과 자원 낭비, 독재 정치, 자유의 상실 등)라는 문제가 있으므로, 개인도 국가도 아닌 제3의 경제 주체로 **조합**cooperative이라는 공동체를 만들어 생산과 소비의 주체로 삼자는 주장이 유럽에서 주로 종교인들에 의해 18세기 말부터 등장하였다. 조합의 재산은 공동 소유이며, 조합의 운영은 민주주의의 방법에 따르며, 조합의 생산물은 시장에서 매매된다. 18세기 말 이래 구미에 생활공동체, 생산협동조합, 소비조합 등이 등장했고, 현재 우리나라에도 소규모의 생활공동체가 소수 존재한다. 그러나 한 국가의 경제 전체를 조합체제로 운용하는 것은 현실적으로 불가능할 것이다. 시장경제와 조합주의는 서로 잘 맞지 않는 것 같다.

　　이 밖에 민족주의, 제3의 길, 평등주의 등은 따로 고찰할 필요가 없는 것 같다. 지향하는 정치체제와 경제체제가 불분명하기 때문이다.[74]

---

73 신자유주의에 대해서는 이근식의 『신자유주의: 하이에크, 프리드먼, 뷰캐넌』(2009, 3월 출판 예정)을 보라.

74 예를 들어 기든스(Anthony Giddens)의 『제3의 길』(*The 3rd Way*)은 우리나라에서도 꽤 성가가 높았으나, 그 내용을 보면 기존의 사회민주주의에 이런저런 그럴듯한 생각들을 덧붙여 놓았을 뿐 별다른 새 길이 보이지 않는다. 제3의 길이란 말도 처음 나온 것이 아니라 과거에 여러 사람이 이미 사용한 말이다.

이념에 관한 이상의 논의를 종합하면, 가치관에 관해서는 어떤 특정한 하나의 가치관만을 고집하는 독선적인 이념은 곤란하고 다양한 가치관을 허용해야 하며, 정치체제로는 의회민주주의가 정답이고, 경제체제로는 자본주의를 기본으로 하되 사회주의를 각국 상황에 맞추어 적절히 섞은 복지국가형 수정자본주의가 현실적인 답이라고 볼 수 있다.

이념 탈피란 특정한 가치관이나 특정한 하나의 경제체제를 독선적으로 주장하는 이념으로부터 탈피하자는 것이다. 이런 의미의 이념 탈피와 이 글에서 주장하는 상생적 자유주의는 정확하게 부합한다. 상생적 자유주의는 다양한 가치관을 인정하는 관용을 중시하고, 민주주의를 지지하며, 100퍼센트의 자본주의나 100퍼센트의 사회주의가 아니라 사회의 구체적인 상황에 맞춘 혼합경제를 주장하기 때문이다.

지금까지 인류 역사에서 이념이나 조직(국가 등)을 위한다는 명분으로 사람들을 희생시키는 일이 비일비재하였다. 지금도 그런 일이 많이 벌어지고 있다. 전쟁과 테러가 대표적이다. 이는 주객이 전도된 것이다. 이념과 조직이 인간을 위해 존재하는 것이지, 이념이나 조직을 위해 인간이 존재하는 것은 아니다. 구체적인 사람들의 행복을 증대시키는 것을 궁극적인 판단 기준으로 삼아야 할 것이다. 그러려면 우선 각 개인의 행복을 증진시켜야 한다. 그러나 각자 자신의 이익만 챙기는 사회에서는 개인의 생존도 삶의 보람도 찾을 수 없으므로, 상생의 원리로 자유주의를 보완해야 할 것이다. 그러나 이 문제가 그리 쉬운 문제는 아니다. 개인과 사회의 이해관계가 충돌하는 경우에는 어떻게 할 것인가? 이 문제에 대한 해답을 찾기는 쉽지 않지만, 사회와 개인간에 이해가 충돌하더라도 개인의 정당한 권리는 보장해야 한다는 자유주의의 기본 원리를 지켜야 할 것이다. 사회를 위해서 개인의 의사에 반하여 개인에게 희생을 강요함은 옳지 않다. 개인간이나 개인과 사회 간에 의견 상충이 발생할 경우에는 상생의 원리에 입각해서 서로가 다른 사람의 정당한 권리도 자신의 것과 동일하게 인정함으로써 상호 합의에 도달하도록 해야 할 것이다. 이런 경우에도 모두가 열린 마음으로 허심탄회하게 이성적으로 생각하면 대부분의 경우 무엇이 옳은지에 관해 자발적 합의가 이루어질 수 있을 것이다.

4

사회진화론

앞서 본 바와 같이 사회발전이란 과학·기술, 물적 시설, 사회제도 및 의식·문화가 발전해서, 빈곤과 사회적인 차별, 분쟁을 해소함으로써 물질적인 풍요와 자유와 상생을 확대하여 보다 많은 사람들의 삶의 질을 향상시키는 것이다. 이런 사회발전은 어떻게 이루어지는가? 이에 관한 입장은 크게 보아, 이성에 입각한 인간의 의식적인 노력이 필요하다는 입장과 인간의 의식적인 노력이 필요 없다는 사회진화론적 입장의 두 가지로 구분할 수 있다. 사회진화론의 대표자는 애덤 스미스와 하이에크이며, 사회개혁론자로는 밀, 오위켄, 프리드먼, 뷰캐넌 같은 자유주의자와 마르크스, 엥겔스 같은 사회주의자, 그리고 케인즈John Maynard Keynes(1883~1946)와 사무엘슨 같은 복지국가론자를 들 수 있다. 먼저 사회진화론을 살펴보자.

(1) 스미스와 하이에크의 사회진화론

하이에크는 애덤 스미스로 돌아가자고 주장하였다. 이는 애덤 스미스의 자유방임 경제정책을 복원하자는 주장인데, 자유방임주의에서만이 아니라 사회진화론에서도 스미스는 하이에크의 선구다. 사회발전에 관한 스미스의 주장은 다음과 같이 요약될 수 있다.

사람들은 남에게 인정받는 것을 가장 좋아하고 남에게 무시당하는 것을 가장 싫어하는데, 사람들은 대부분 어리석어서 지혜와 덕이 아니라 부와 권세를 얻어 다른 사람들의 인정을 받으려고 애를 쓰며, 이러한 노력이 사회의 발전이라는 의도하지 않았던 결과를 달성해 왔다. 즉 지금까지 사회가 발전한 것은 사람들이 합심해서 사회발전을 위해 의도적으로 노력한 결과가 아니라, 각자 자신의 이기심을 좇아 부와 권세를 추구한 결과로 사회발전이라는 의도하지 않았던 성과가 달성되었으며, 이는 하느님의 섭리에 의한 것이라는 말이다.[75]

하이에크는 사회주의자들과 복지국가론자들을 비판하기 위해 **사회진화론**social Darwinism[76]을 보다 정치하게 발전시켰다. 그의 사회진화론

---

[75] "인류의 근면성을 촉발하고 계속 일을 하도록 한 것은 이러한 기만(하느님이 사람들로 하여금 헛된 부와 권세를 좇도록 하는 것-필자)이다. 인류로 하여금 처음에 땅을 경작하고, 집을 짓고, 도시와 공동체를 세우고, 인류 생활을 윤택하고 고상하게 만드는 모든 과학과 예술을 발명하고 개선하도록 한 것이 이것이다." Smith, 『도덕감정론』, 183쪽.

에 따르면, 사회는 인간의 의도적 설계(사전 계획)에 의해서가 아니라 여러 세대에 걸쳐 적자생존의 과정을 통하여 점진적으로 변화해 가는 진화에 의해 발전한다. 이에 반하여 **설계적 합리주의**costructivist rationalism 는 인간이 사전에 만든 계획에 따라서 사회를 의도적으로 고치려고 한다. 그러나 이는 인간의 지적 능력을 과신한 것이라고 그는 비판하였다. 이런 사회 설계를 하기에는 인간의 사고 능력과 정보가 턱없이 부족하다는 것이다. 정치, 행정, 경제, 문화 등 사회의 여러 분야에서 수없이 많은 문제를 해결하기 위해서는 수많은 기관들이 필요하고, 이들 각 기관들이 서로 잘 조화롭게 운영에 필요한 정교한 운영 규칙들, 그리고 새로 만든 사회가 작동할 때 당면하게 될 수많은 구체적인 문제들에 대한 정보를 충분히 갖고 있어야 한다. 인간에게는 이런 사고 능력도 정보도 매우 부족하며, 따라서 인간의 의도적인 사회개혁은 사회를 오히려 개악시킬 위험이 크다고 하이에크는 지적하였다. 사회주의, 복지국가, 케인즈의 개입주의가 모두 설계적 합리주의의

---

76 진화론은 19세기 영국의 생물학자였던 다윈(Charles R. Darwin, 1809~1892)에 의해 창시되었다고 생각하는 사람들이 많다. 그러나 진화론은 이보다 1세기 앞서 흄(David Hume, 1711~1776)과 맨더빌(Bernard Mandeville, 1670~1733) 같은 18세기 스코틀랜드의 도덕철학자들이 언어, 화폐, 법 등의 사회적 산물을 연구하는 과정에서 등장하였고, 다윈은 이들로부터 이 개념을 배웠다(Hayek, LLL1, 23쪽). 사회진화론은 19세기 말과 20세기 초에 영미에서 인기 있던 이론이며, 이의 대표자는 영국의 철학자 스펜서(Herbert Spencer, 1820~1903)였다. 그는 당시 커다란 반향을 일으켰던 다윈의 진화론을 사회와 자연 모두에 적용하여 윤리, 심리, 종교 등 사회현상의 모든 발전을 진화론으로 설명하였다. 비판을 받아 쇠퇴했던 사회진화론을 다시 부활시킨 사람이 하이에크다.

산물이며, 이들은 결과적으로 사회를 개선시킨 것이 아니라 퇴보시켰다고 그는 비판하였다(Hayek, LLL1, 1장).

따라서 사회는 인간의 의도적 개혁이 아니라 진화에 의해, 특히 사회 준칙rules의 진화를 통해 발전한다. **진화**evolution는 여러 세대에 걸쳐서 적자생존이라는 자연의 선택을 통하여 점진적으로 발전해 가는 과정이다. 사고 능력과 정보가 불완전하므로 인간은 항상 위험 속에서 미래를 모른 채 살아간다. 위험이 가득 찬 이런 세계에서 인간의 사회적 행동을 인도하는 것이 준칙이다. 습관, 규칙, 윤리, 법 등이 모두 준칙이다. 준칙은 바람직한 결과를 초래한다는 사실이 알려졌기 때문에 채택된 것이 아니라, 경험 학습을 통해 집단의 생존 확률을 높였기 때문에 채택된 것이다. 인간은 이성이 아니라 준칙에 의존해서 살아가며, 준칙은 인간의 이성적 노력이 아니라 적자생존을 통한 진화에 의해 발전해 간다. 비단 준칙만이 아니라 사회제도나 인간의 이성과 이론, 그리고 생명체 등 모든 것이 진화를 통해 발전한다는 것이 하이에크의 주장이다.[77]

---

77 "사람이 그 속에 태어나는 문화적 유산(준칙-필자 주)은 바람직한 결과를 초래한다는 것이 알려졌기 때문에 채택된 것이 아니라, 사람들의 집단을 성공적으로 만들었기 때문에 널리 보급된 행동 습관이나 준칙의 복합체로 구성된다. 사람들은 생각하기 전에 행동하고, 행동하기 전에는 이해하지 못한다. …… 경험을 통한 학습은 동물 세계에서와 마찬가지로 인간 세계에서도 사고(reasoning)의 과정이 아니고, 성공적이었기 때문에 널리 보급된 습관의 관찰, 보급, 전달 및 발전의 과정이다. 종종 실행자 개인이 알았기 때문이 아니라, 이 습관이 그 개인이 속한 집단의 생존 기회를 증대시켰기 때문에 이 습관이 채택된다." Hayek, LLL1, 17~18쪽.

(2) 사회진화론의 타당성

스미스와 하이에크의 사회진화론은 사회발전의 많은 부분을 설명한다. 구소련의 건설, 또는 중국에서의 공산 국가 건설과 시장경제 도입, 일본에서의 메이지유신에 의한 근대화 작업, 우리나라의 1960년대 이후 경제개발과 같이, 사람들이 의도적으로 계획한 사건이 사회 전체를 바꾸기도 한다. 그러나 크게 보면 대부분의 장기에 걸친 커다란 사회 변환은 사람들이 사전에 설계한 계획 없이, 수많은 사람들의 의도하지 않은 행동에 의해 사람들이 깨닫지 못하는 사이에 점진적으로 이루어졌다고 볼 수 있다. 서양에서 고대 노예 사회가 중세 봉건 사회로 바뀌고 중세 사회가 다시 자본주의 사회로 바뀐 것이라든지, 해방 이후 우리 사회가 발전한 것들을 보면 누구의 각본에 의해 이루어진 것이라기보다 수많은 사람들의 행동에 의해, 그 누구도 예측하거나 의식하지 못하는 사이에 사회가 크게 변해 왔다. 사회 변화란 수천만, 수억의 사람들이 활동한 결과에 의해 이루어지는 것이고, 이들 수많은 사람들이 하나의 각본에 따라서 일사분란하게 행동한다는 것은 일반적으로 가능한 일이 아니다. 사회는 우리가 알지 못하는 사이에 계속 변화하는 것이 일반적일 것이다. 이런 의미로 사회진화론을 이해한다면 문제가 없다고 생각된다.

이런 점에서 스미스의 진화론도 기본적으로 타당하다고 생각된다. 사회발전이 하느님의 섭리에 의한 것이라는 스미스의 주장은 신앙 문제이므로 옳고 그름을 객관적으로 따질 수 없지만, 사람들이 각자 자신의 부와 권세를 얻으려고 애쓰고 그 결과로 원래 의도하지 않았던 경제발전을 초래했다는 지적은 사실과 부합할 것이다. 예를 들어 인류의 발전에 큰 기여를 한 산업혁명도 누가 의도한 것이 아니고, 인류와 국가를 위한다는 고매한 이상을 위해서 한 것도 아니며, 돈을 벌고자 한 상공인들의 개별적인 노력의 결과로 이루어진 것이었다. 사회의 모든 현상은 개인과 집단들의 구체적인 행동이고, 사회발전에 기여한 모든 역사적인 사건도 인간의 행동에 의한 것이다. 그리고 사람들은 개인으로 행동할 때나 집단으로 행동할 때나 대부분 이기적인 동기에 의해 행동하며, 사회발전에 기여한 모든 역사적 사건에 참여했던 인간의 행동 역시 이기적인 동기에 의한 것이 대부분이었다. 서양의 시민혁명이나 우리나라의 4·19 혁명 같은, 역사를 한 단계 발전시킨 역사적 사건에 참여한 사람들 중에는 사회정의 실현이라는 숭고한 목표를 위해 자신을 희생한 사람들도 많지만, 이러한 사회 변혁이 성공할 수 있었던 것은 수많은 보통 사람들이 이 변혁 운동이 자신들에게 이익이 된다고 생각해서 참여하였거나 협조하였기 때문이다. 그리고 역사발전의 많은 부분은 개인의 희생을 수반한 변혁이 아니라 기술이나 학문의 발전, 상공업의 발전, 제도 개선과 같은 평화적인 과정을 통해 이루어졌고, 이들은 대부분 자신의 이익을 추구하는 개인과 집단들의 노력의 결과이다. 이런 점에서 사회발전은 부와 권세를 추구하는 개인의 이기적인 노력이 이루어 낸 예상하지 않았던 결과라는 스미스의 주장은 타당하다고 생각된다.

하이에크의 사회진화론도 유익한 관점들을 제시하고 있다. 첫째, 어떤 명분으로도 국가가 개인의 기본 인권을 침해해서는 안 된다는 것이다. 자유주의의 큰 공헌은 자유, 사유재산, 생명과 신체라는 개인의 기본권(인권)은 모든 개인의 절대적 권리이며 국가도 이를 침범해서는 안 된다는 생각을 사회적 공준으로 확립시켜, 국가에 의한 인권 유린을 추방한 것이다. 그러나 사회주의 국가는 물론이고 현대의 선진 복지국가에서도 공익을 위한다는 명분으로 이 원칙을 침해하는 경우가 적지 않게 발생했으며, 하이에크가 이를 경고한 것이다.[78] 현실에서 이 원칙을 완벽하게 지킬 수는 없으나 이 원칙의 가치가 국가에 의해 함부로 침해되어서는 안 될 것이다.

둘째, 경솔한 사회개혁에 대한 그의 경고도 경청해야 한다. 많은 개혁이 좋은 의도에서 시작되었음에도 불구하고 사태를 오히려 개악시키는 결과를 초래하는 경우가 많다. 우리나라에서 대통령마다 의욕적으로 추진해 오고 있는 교육개혁이 그 예다. 인간이 지적으로 도덕적으로 불완전하다는 것은 모든 자유주의자들의 기본 관점이며, 하이에크는 여기에 정보의 불완전성을 더하여 부각시켰다. 인간의 판단은 항상 틀릴 수가 있다. 이러한 인간의 불완전성을 무시하는 것이 소신,

---

78 하이에크가 복지국가에 대해 주로 비판한 것은 고율의 세금 부과나 사유재산권의 제한과 같이, 국가에 의한 사유재산의 침해이다. 9·11 뉴욕 테러 이후 안보를 이유로 미국에서 개인의 기본권을 제한하는 여러 제도가 도입되고 있는 것도 자유주의의 기본 원칙에 정면 위배된다.

독선, 독단 등이다. 특히, 근대 서양에서 데카르트 이래 이성에 대한 과신은 인간이 자신을 과대평가하는 주된 요인이었다. 이성은 인간이 가진 가장 큰 힘이기는 하지만, 결코 완전한 것이 아니므로 과대평가해서는 안 될 것이다. 따라서 사회개혁은 과감하게 단행할 것이 아니라 신중하고 점진적으로 추진해야 할 것이다.

(3) 사회진화론의 반동성

사회진화론의 문제점은 반동적 성격을 갖고 있다는 것이다. 케인즈가 지적한 바와 같이 진화론은 자유방임주의와 상통한다. 가만히 내버려 두면, 자연의 선택에 의해 항상 현실에서 저절로 최선의 결과가 실현된다고 보기 때문이다(Keynes, 1926, 276~277쪽·284~285쪽). 이 이론에 따르면 현존하는 모든 것은 주어진 조건에서 가장 적합한 최선의 것이며, 바뀔 필요가 있을 때는 적자생존의 원칙에 따라 저절로 바뀌므로 사람이 일부러 고칠 필요가 없다. 이는, 현실의 모든 분배는 최선의 것이므로 고칠 필요가 없다고 주장한 파레토의 최적 이론과 동일하다.[79] 이러한 사회진화론에 서면 노예제도도 그대로 두어야 한다. 사회진화론의 시조였던 영국의 철학자 스펜서는 공공복지제도는 경쟁을 통한 적자생존과 자연도태라는 자연의 선택 과정을 교란시켜 사

---

[79] 파레토 최적 이론은 2장의 3절 3항 파레토 최적을 참조하라.

회 진화를 방해한다고 반대하였다(Coser, 신용하·박명규 역, 156~158쪽). 이처럼 사회진화론은 윤리적 존재로서의 인간을 부정하는 야만적 주장이다. 19세기 말에 유행했던 사회진화론은 이러한 결함 때문에 20세기에 접어들면서 비판받고 쇠퇴하였다(Tax and Krucoff).

하이에크는 공공복지제도의 필요성을 인정하므로 스펜서와 같은 심한 반동성은 없다. 그러나 그가 인간의 이성을 이용한 의도적인 사회개혁을 전면 부인하는 것은 공감하기 힘들다. 하이에크의 말대로 인간의 이성을 이용해 사회 전체를 한꺼번에 바꾸는 것은 예상치 못한 부작용을 낳아서 실패하기 쉽다. 그 대표적인 예가 사회주의 국가의 등장과 몰락이다. 사회주의자들은 사회주의 국가를 건설하면 인간의 불평등과 빈곤과 이기심이 모두 없어지고 지상낙원이 건설될 것이라고 믿었다. 그러나 실제 사회주의 국가에서 나타난 것은 재산 대신에 권력을 놓고 벌이는 탐욕과 경쟁, 권력의 다소에 따른 불평등, 생산성의 하락, 자유의 박탈이었다.

인간의 이성이 매우 불완전한 것은 분명하지만, 인간이 가진 매우 유용한 능력임에는 틀림없다. 인간의 이성은 분명 불완전하며 정보도 매우 부족하므로 인간의 판단은 틀리기 쉽다. 그러나 이를 바로잡을 수 있는 방법이 있으니, 그것은 밀이 강조한 바와 같이 자유로운 토론과 비판, 그리고 이를 용인하는 관용을 베푸는 사회 분위기일 것이다(Mill, 『자유론』, 47~48쪽). 자유로운 토론과 비판은 여러 사람이 머리와 정보를 합해 판단하게 하므로, 개인이 혼자 판단할 때보다 틀릴 확률이 훨씬 적다. 그리고 일단 잘못된 결정이 실행되어 문제가 발생했다고 해도 자유로운 토론과 비판을 통해 사후에 잘못을 바로잡을 수 있다. 하이에크가 말한 인간의 이성을 진화하게 하는 것이 바로 자유로운 비판과 토론, 그리고 관용의 풍토다.

이성적 사회발전

(1) 이성의 힘

냉철한 사실판단력과 건강한 가치판단력(윤리적 판단력)의 합인 **이성** reason을 이용하면, 사람들은 현재 자기가 사는 사회에서 무엇이 문제이고 이것을 어떻게 고쳐야 할지를 파악할 수 있을 것이다. 이처럼 이성에 입각하여 현실을 비판적으로 파악하는 것을 인간의 **이성적 현실 비판**이라고 부를 수 있을 것이다. 비판의 자유가 발전의 필수 조건임은 바로 이 때문이다. 이성에 입각한 자유로운 비판은 현실의 문제점을 파악하고 그 해결책을 제시한다. 이성적 현실 비판에 근거한 인간의 주체적인 노력을 통해 이루어지는 사회발전을 **이성적 사회발전**이라고 부를 수 있을 것이다. 민주주의와 법치주의의 발전과 같이 근대 사회제도의 발전 대부분이 이러한 이성적 사회발전에 의한 것이라고 보아도 무방할 것이다.

이성적 사회발전에서 말하는 이성은 오만한 이성이 아니라 자신의 오류 가능성을 인정하는 **겸손한 이성**이다. 앞서 지적한 바와 같이, 인간의 이성은 불완전한 것이어서 항상 틀릴 수 있으므로, 우리는 항상 열린 마음으로 다른 사람의 비판에 귀를 기울여 조금씩 수정하면서 점차적으로 사실에 가까이 접근해야 할 것이다. 이처럼 이성을 겸손한 자세로 활용하자는 주장을 포퍼의 비판적 합리주의critical rationalism 또는 하이에크의 진화적 합리주의evolutionary rationalism라고 부를 수 있을 것이다(Popper, 이한구 역, 1권, 2001, 65쪽; Hayek, LLL1, 29쪽). 하이에크도 이성의 힘을 전면 부정한 것은 아니고 단지 이성의 한계를 정확히 알고 조심해서 사용해야 함을 지적한 것이라고 생각된다.

이성적 사회개혁의 추진력은 사실판단력으로서의 이성이라기보다, 건전한 가치판단력으로서의 이성인 윤리의식이다. 현실에 대한 올바른 비판의식인 이성적 비판은 주로 사실판단보다 가치판단과 관계되는 경우가 많다. 잘못된 사회제도나 관습으로 인한 부당한 억압과 차별을 인식하는 것은 차가운 머리가 아니라 더운 가슴이기 때문이다. 칸트가 말한 바와 같이, 우리에게 윤리적 행동을 지시하는 무상명령無上命令은 논리적으로 도출되는 것이 아니라 우리의 자유의지가 선택하는 것이다(Kant, 최재희 역, 1992, 21쪽). 우리가 개선해야 할 것은 부당한 사회적 억압과 차별이고, 이는 모두 가치판단과 관련된 것들이다. 따라서 이성적 사회개혁을 위해서는 모든 인간의 자유와 평등을 존중하는 건전한 가치판단이 필수적이다.

가치판단의 궁극적 기준은 앞서 2장에서 말한 것처럼, 모든 사람은 신분이나 인종, 성, 재산, 재능, 연령 등 그 어떤 이유로도 사회적으로 차별받지 않아야 한다는 근대의 만인평등사상일 것이다. 사회의 모든 진보의 핵심도 결국 이런 만인평등을 현실에서 확대하는 것이며, 윤리의식의 핵심도 이 만인평등을 자각하는 일일 것이다.

이성적 개혁은 사회진화론과 달리 이성에 입각한 신중하지만 적극적인 사회개혁을 지지한다. 단지 이성이 지닌 힘의 한계와 정보의 부족을 인정하고 신중하게 개혁에 접근할 뿐이다. 사회 전체를 한꺼번에 바꾸겠다는 오만은 부리지 않으나, 이성적 비판에 입각해서 사회의 잘못된 부분을 하나씩 끊임없이 적극적으로 고쳐 나가야 할 것이다. 스미스와 하이에크도 사회 개선을 위한 구체적인 제도 개선 방안들을 주장하였으니, 이들 역시 사회진보를 위한 인간의 의식적인 노력을 지지한 셈이다.[80] 하이에크도 사회 전체를 설계에 의해 한꺼번에 바꾸는 것을 반대한 것이지, 잘못된 사회제도의 개선을 반대한 것은

---

[80] 스미스는 정부의 규제 철폐와 함께 공정한 법질서의 확립, 도로나 항구 같은 사회간접자본의 건설, 저소득층 자녀를 위한 초등학교 운영, 예금자 보호를 위한 은행 감독의 필요성을 주장하였다. 하이에크도 균형 재정의 확립, 정부 업무의 축소, 화폐 발행의 국가 독점권 철폐, 최저 생활의 보장, 독점 규제의 완화 등 구체적인 정책들을 제안하였다.

아니다.

이성적 사회발전의 타당성을 다음과 같이도 설명할 수 있을 것이다. 앞의 〈그림〉에서 본 사회발전의 네 요인(과학·기술의 발전, 물적 시설의 개선, 사회제도의 개선 및 의식·문화의 발전)은 모두 이성을 이용한 인간의 의식적인 노력에 의해 개선될 수 있는 것들이다. 경제체제나 문화 등 큰 사회제도 중에는 진화론으로 발전을 설명하는 것이 타당한 것들도 많지만 중요한 제도들은 대부분 법률로 규정되는데, 법률의 제정과 개정은 사람들의 의식적 노력에 의한 것이므로 전형적인 이성적 발전의 한 형태다. 과학기술과 생산 시설의 발전도 모두 인간의 의식적 노력을 통해 이루어지는 것들이며, 인간의 문화와 의식도 인간의 의식적인 노력에 의해 상당한 정도로 개선될 수 있다.

(2) 평화적 사회개혁

이성적 사회발전은 폭력적 변혁이 아니라 평화적 개선을 지지한다. 프랑스 대혁명이나 우리나라 4·19 혁명과 같은 유혈 혁명이 불가피한 경우도 있다. 여기서 주장하는 것은 인류 역사의 발전이 항상 이성적 사회발전을 통해 이루어져 왔다는 것이 아니고, 단지 평화적인 이성적 사회발전이 가능하며, 인간의 문명과 경제가 발전해 옴에 따라 평화적 방법에 의한 이성적 혁명의 가능성이 점점 증대하고 있다는 것이다.

사회발전의 가장 중요한 내용은 만인평등과 자유의 확대 과정이다.

이런 기준에서 보면, 동서양을 막론하고 인간이 국가를 형성한 이래 근대 자유주의 사회가 등장할 때까지 수천 년의 세월 동안 사회 개선은 별로 이루어지지 않았다. 신분, 인종, 종교, 성 등을 이유로 사람을 차별하는 것이 당연시되어 소수의 지배 계층이 대다수의 인민을 억압해 왔다. 만인평등에 대한 생각이 일반 상식이 되고, 제도와 문화가 개선되어 이런 생각이 현실에서도 점차 실현되기 시작한 것은 만인평등을 주장하는 자유주의가 보급되기 시작하면서부터이니, 서양에서는 불과 300~400년 전이고, 동양에서는 불과 100년도 안 된다. 그 전에는 동서양을 막론하고 대부분의 사람들이 차별과 억압 아래서 살아왔기 때문에 사회의 근본적인 발전이 없었다고 볼 수 있다. 자유주의가 등장한 다음에도 이를 실현하기 위한 인민들의 노력은 폭력적인 탄압을 받아 좌절되거나, 성공하더라도 수많은 인민의 희생 위에서 비로소 가능한 경우가 많았다. 이렇게 볼 때 수천 년의 인류 역사에서 사회발전은 근대에 비로소 나타난 예외적인 현상이며, 근대 사회의 사회발전 중에서도 평화적인 방법에 의한 이성적 사회발전은 더욱 예외적인 경우였다고 볼 수 있다.

이성적 사회발전이 현실에서 어려웠던 것은 기득권층(지배 계층)의 반발 때문이었다. 사회발전의 근본 성격은 소수 기득권층의 특권을 축소하는 것이므로, 사회발전은 필연적으로 기득권층의 반발을 초래하기 마련이다. 기득권층은 사람 수에서는 소수지만, 군대와 경찰, 검찰 등 국가가 보유한 독점적인 폭력을 이용하여 항상 다수 인민의 저항을 무자비한 폭력으로 진압해 왔다. 이 때문에 사회발전이 좌절되거나 폭력 혁명이 불가피한 경우가 많았다.

이성적 혁명은 사회발전을 가로막는 기득권 계층의 반발을 막아 평화적인 사회발전을 가능하게 할 수 있다. 사람들은 대부분 이기적이다. 스미스가 지적한 바와 같이, 사람들은 누구나 이기심만이 아니라 양심도 가지고 있지만, 양심이나 타인에 대한 동정심이 작동하는 것은 자신의 이익이 손상받지 않을 때에 한하며, 자신의 이익이 침해되면 양심은 이기심이라는 강풍 앞에 힘없이 꺼지는 작은 촛불에 불과한 경우가 보통이다(Smith, 『도덕감정론』, 141쪽 각주). 사회발전 과정에서 필연적으로 기득권층과 소외 계층 사이에 이해 갈등이 발생하므로, 보통 사람들은 양심보다는 이기심에 따라 행동한다. 이러한 보통의 인간은 아직 이성적 존재로서의 자신을 인식하고 실현하지 못하는 비이성적 존재에 머물고 있다. 통상의 인간은 비이성적 존재다.

스미스가 지적한 바와 같이, 남보다 자신을 먼저 생각하는 자애自愛(self-love)는 비단 사람만이 아니라 모든 식물이나 동물에게서도 볼 수 있는데, 이는 자신과 종족을 보존하기 위한 당연한 본능이다.[81] 밀도 "생존의 문제가 해결된 다음, 인간이 개인적으로 가장 강하게 욕망하

---

81 "······ 그리고 모든 식물이나 동물의 기관에서 우리는 모든 것들이 개체 유지와 종족 번성이라는 자연의 위대한 두 목적에 적합하도록 얼마나 잘 만들어졌는가를 보고 감탄한다." Smith, 『도덕감정론』, 87쪽.

는 것은 자유다"라고 말하였다(Mill, 『경제학원론』, 208쪽). 생존의 문제가 해결되지 않은 상태에서 인간이 윤리를 앞세우기는 어렵다. 그러나 생존의 문제가 해결된 다음에도 윤리를 생각하지 않는 것은 사람의 도리가 아닐 것이다. 과학 문명의 발달 덕분으로 현대 사회에서 대부분 사람들의 생존 문제는 해결되었다. 현대 사회에서 사람들의 생존을 위협하는 것은 오히려 사람들의 탐욕과 편견으로 인한 범죄와 전쟁과 자연 파괴일 것이다. 이성적으로 생각하면 자유와 상생의 원리를 실천하는 것이 전쟁과 범죄를 추방하고 계층간의 갈등을 방지하며 자연을 잘 보존하여 우리의 생존과 번영을 모두 함께 도모할 수 있는 길이다.

이성에 입각한 평화적 사회발전을 가능하게 만드는 것은 사상과 표현의 자유(자유로운 비판과 토론)와 관용이다. 아무리 개인이 찬 머리와 더운 가슴으로 생각하더라도, 인식에서의 불완전함으로 인해 개인의 생각은 틀릴 수 있다. 이를 시정할 수 있는 유일한 방법이 자유로운 비판과 토론이고, 이는 관용의 사회에서만 가능하다. 공개적인 토론을 통해 사회의 문제가 정확히 인식되고, 이의 해결 방법에 대한 사회적 공감대(여론)가 널리 형성되면, 법과 관습의 개선을 통해 사회는 평화적으로 개선되어 나갈 수 있을 것이다. 밀의 말대로 인간의 생각이 틀릴 수 있음에도 불구하고 인간 사회에서 전체적으로 보아 옳은 의견과 행위가 우세를 보이는 것은, 토론을 통해 자신의 잘못을 시정할 수 있는 인간 정신의 특성 때문이다(Mill, 『자유론』, 261~262쪽). 이성이 불완전한 것은 사실이지만, 합리적인 사고 능력과 윤리의식이 결합된 이성은 인간의 위대한 힘이다. 이 아까운 힘을 사용하지 않는 것은 어리석은 일이다.

(3) 헤겔의 역사변증법

헤겔의 **역사변증법**historical dialectic도 역사발전에서 이성의 역할을 중요시하였다. 헤겔의 역사변증법은 발전에 관한 그의 일반 이론인 **변증법**[82]을 역사에 적용한 것이다. 헤겔의 역사변증법에 따르면, 사회 내부에는 서로 상반되는 모순 관계에 있는 두 요소가 존재하며, 이 모순이 지양되어 합이 되면 새로운 사회로 전환되고, 새로운 사회에는

---

[82] 변증법이란 원래 고대 그리스 철학에서 토론이나 논박을 이용한 진리의 모색 방법을 의미했던 것인데, 헤겔에 의해 요즘과 같은 의미로 정착되었다. 헤겔은 동식물, 우주, 학문, 언어, 종교, 윤리 등 만물이 변증법에 의해 발전한다고 보았다. 헤겔은 자신의 이론을 변증법이라고 말했으나, 그 구체적인 내용을 명확히 설명하지는 않았다. 그의 변증법은 정(正, These), 반(反, Antithese), 합(合, Synthese)이라는 말을 이용해 설명할 수 있는 것 같다. 모든 존재는 그 내부에 정과 반이라는 서로 모순되는 요소를 동시에 지니고 있어서 이 두 요소 간에 갈등이 발생하고, 이 갈등이 지양(止揚, aufheben)되어 한 단계 높은 새로운 존재인 합으로 발전한다. 지양이란 버릴 것은 버리고 들어 올릴 것은 들어 올려서, 정과 반의 모순이 극복되어 합으로 전환되는 과정을 말한다. 이 합의 내부에는 다시 새로운 정과 반이 발생하여 새로운 모순이 생기고, 새로운 정과 반은 다시 새로운 합으로 지양되는 과정이 반복되는 과정을 통해 발전이 이루어진다. 정, 반, 합이라는 용어는 헤겔의 선배인 피히테(Johann Gottlieb Fichte, 1762~1814)가 처음 사용한 말이며, 헤겔이나 마르크스는 이 용어를 쓴 적이 없다. 그러나 이 용어들은 헤겔의 변증법을 쉽게 설명하는 데 편리한 것 같다. 헤겔의 변증법에 대해서는 Hegel(서동익 역)을, 역사변증법에 대해서는 Hegel(김종호 역)과 Hegel(임석진 역)을 참조하라.

또 새로운 모순이 등장해 그로 인한 갈등이 발생하며, 이로 인해 새로운 사회로 전환되는 과정의 반복을 통해 사회가 발전해 간다. 이러한 사회발전을 추진해 가는 역사의 주체는 이성(세계정신, 절대정신 곧 하느님)이며, 이런 과정을 통해 궁극적으로는 세계 전체에 자유가 실현된 이성의 왕국이 완성되므로, 세계사의 발전 과정은 이성의 자기실현 과정이라고 보았다(Hegel, 서동익 역; Hegel, 김종호 역; Hegel, 임석진 역).

역사발전의 주체를 구체적 인간이 아니라 추상적인 이성이라고 본 점에서 관념론이라는 한계가 있긴 하지만, 헤겔의 역사변증법은 우리가 배울 두 개의 탁견을 갖고 있다. 하나는 사회 변화의 기본 요인을 외부가 아니라 내부에서 찾는다는 것이다. 동일한 외부 충격에도 내부의 대응에 따라서 외부 충격이 미치는 효과가 다르게 나타난다. 예를 들어 조선은 일본의 침략이라는 동일한 외부 충격을 두 번 받았지만, 임진왜란 때는 이를 물리친 반면 조선 말기에는 이를 물리치지 못하고 일본에 강점당하였다. 로마제국이 멸망한 원인도 게르만족의 침입이 아니라 로마제국 자신의 부패와 타락에 있었던 것처럼, 조선이 멸망한 근본 원인도 일제의 침략이 아니라 조선 왕조의 국정 문란이라고 보아야 한다. 만일 조선 왕조가 당시 일본 명치왕의 조정처럼, 국정을 바로 운영해 민심을 모으고 국력을 배양했더라면 일제에 강점당하는 일은 없었을 것이다. 조선 후기의 국정 문란과 양반들의 수탈 및 관료들의 탐학은 극에 달하여 백성들의 생활은 도탄에 빠졌고,[83] 그 결과 전국의 모든 지역에서 민란이 끊이지 않았으며, 급기야는 동학

농민운동이 발생하였다. 이를 자체적으로 해결할 능력이 없었던 조선 조정이 청나라에 원병을 청했을 때, 조선 왕조는 실제로 멸망하였다. 이 때문에 청나라 군대의 진입, 이를 빌미로 한 일본군의 진주, 청일전쟁 발발, 일본의 승리, 그리고 한일병합이라는 일련의 사태가 결과적으로 발생했기 때문이다. 일본의 침략을 초래한 것은 조선 왕조의 국정 문란이므로, 조선 왕조 멸망의 원인을 일본의 침략에서 찾는 것은 역사의 왜곡이다. 조선 왕조의 국정 문란을 반성하지 않고 일본의 침략만 탓하는 것은 미래를 위한 바른 태도가 아니다. 국정 문란으로 인해 망국이라는 큰 불행을 겪고도 외국 탓만 하는 못난 민족은 또다시 동일한 불행을 겪기 쉬울 것이다. 남을 탓하기 전에 먼저 그러한 빌미를 주었던 우리의 잘못을 깊이 반성하고, 같은 잘못을 되풀이하지 않아야만 미래에 동일한 불행을 겪는 일을 예방할 수 있을 것이다. 개인이나 조직이나 국가나, 자신의 잘못은 반성하지 않고 남만 탓하는 것은 못나고 어리석은 짓이다. 특히 약육강식이 지배하는 국제사회에서

---

83 조선 말기에 극에 달한 국정의 문란과 백성들의 비참한 생활을 생생히 전하는 글은, 다산 정약용 선생의 『목민심서』와 『경제유표』, 그리고 비숍(Isabella Bird Bishop) 여사가 1894년부터 1897년까지 조선을 네 번 방문하고 남긴 기행문(Bishop, 1898)이다. 다산의 글에는 '아전이 세 살밖에 안 된 아이를 군적에 넣고 소를 빼앗아 가자, 아이의 아버지가 스스로 남근을 자른 이야기'(『역주 목민심서 IV』, 116쪽), '아전과 포졸들이 세금을 걷는다고 솥과 가마, 소와 돼지 등 모든 재산을 빼앗아 가서 이들이 지나가면 열 집에 아홉 집이 빈다는 이야기'(『경세유표 I』, 116쪽)를 비롯해 당시 관리들의 탐학이 생생히 기록되어 있다. 비숍은 "한국 관리들은 살아 있는 민중의 피를 빠는 흡혈귀다"라고 말하였다(Bishop, 이인화 역, 349쪽).

는 더욱 그러하다.

헤겔의 역사변증법의 두 번째 탁견은 내부 모순을 발전의 동력으로 보았다는 것이다. 어느 사회나 모순(문제점)이 있으며, 발전이란 모순이 있기에 가능한 것이다. 모순이 없는 사회에서는 발전이 필요하지도 가능하지도 않을 것이다. 그리고 이 모순을 극복하는 과정(지양 과정)을 통해 사회가 발전한다는 말도 옳다고 생각된다. 1960년대 이후 우리 사회의 발전도 이 방법으로 설명할 수 있다. 군사 독재 정권은 자신의 정권 유지를 합리화하기 위해 경제개발을 추진해서 경제발전을 이루었으나, 이 과정에서 정치적 억압과 분배의 양극화라는 모순이 발생하였고, 이로 인해 군부 정권에 대한 국민들의 불신과 저항이 축적되어 결국 군부 정권은 몰락하고 우리 사회는 민주 사회라는 한 단계 발전한 새로운 사회로 진입하였다. 현재의 민주화 시대에서는 민주주의 실현이라는 긍정적인 성과가 달성되었으나, 동시에 민주주의의 문제점인 인기영합주의와 대중의 횡포라는 새로운 문제가 등장하고 있다. 이후 이것이 극복되면서 우리 사회는 앞으로 한 단계 더 나아갈 것이다.

헤겔의 역사변증법은 사회 내부에서 사회 흥망의 기본 요인을 찾는다는 점, 사회 내부 모순의 지양을 통해 사회가 발전한다고 본 점에서 보편타당성을 지니고 있다. 그러나 헤겔의 이론은 관념적이라는 한계를 갖고 있다. 그는 역사발전의 주체를 이성(신 또는 세계정신, 절대정신)이라는 관념적 존재로 보았다. 역사발전 과정에서 일어나는 구체적인 사건들은 인간들의 노력에 의한 것이지만, 인간은 이성의 뜻을 자기도 모르고 실행하는 꼭두각시에 불과하다고 그는 보았다.[84] 즉, 개인들은 **이성의 간계**奸計(die List der Vernuft)에 따라 움직이는 존재에 불과하다는 것이다. 이런 입장은 스미스와 완전히 동일하다. 앞(204쪽)에서 본 바와 같이 스미스도 사회발전은 사람들이 각자 자신의 이기심을 좇아서 부와 권세를 추구한 결과로 의도하지도 않았던 것이 달성된 일이고, 이는 자연의 속임수deception, 즉 하느님의 섭리에 의한 것이라고 보았다.[85] 인간사가 모두 신의 보이지 않는 섭리에 의한 것이라는 견해는 비단 스미스와 헤겔만이 아니라, 기독교인을 포함한 모든 종교의 신앙인에게서 나타나는 일반적인 믿음이다. 이는 과학의 문제가 아니라 신앙의 문제이므로 진위를 객관적으로 확인할 수 없다. 분명한 것은 보이지 않는 하느님의 뜻을 따른 것이든 아니든, 사회발전 과정은 구체적인 사람들의 구체적인 행동에 의해 이루어진다는 것이다. 예를 들어서 우리나라의 역사발전에 기여한 민주화 운동은 군사 정권에 대항한 수많은 사람들의 구체적인 저항 행동에 의해 이루어졌다. 이 저항 운동은 정확한 사실판단력과 함께 올바른 윤리적 가치판단력이라는 이성에 의해 추진된 이성적 사회발전의 한 예일 것이다. 헤겔도 역사발전을 이성에 의한 합목적적 발전 과정이라고 보았으나, 헤

---

84 Hegel, 임석진 역, 154쪽.

85 Smith, 『도덕감정론』, 183쪽. 스미스의 보이지 않는 손(invisible hand)도 하느님의 섭리를 가리키는 말이다. Smith, 『국부론』 上, 434쪽.

겔의 체계에서 이성은 구체적인 사람들이 보유한 구체적인 사고 능력을 말하는 것이 아니라, 사람을 떠나 독자적으로 존재하는 초월적 존재로서 신과 동일한 의미로 사용한 것 같다.[86] 헤겔의 역사관은 이 글에서 말하는 이성적 사회발전이라기보다 초월적 존재에 의해 역사가 발전된다고 보는 관념론이다.

이성적 사회발전은 3장에서 말한 상생의 갈등 원리를 실현하는 것이다. 앞서 본 바와 같이 상생의 갈등이란 인간 사회에 필연적으로 존재하는 상호 갈등을 서로에게 피해를 주는 적대적 갈등이 아니라, 서로 도움이 되는 관계로 승화시킨 갈등을 말한다. 정확한 사실판단력과 올바른 가치판단력을 합한 이성을 이용하면, 서로 간의 모순이나 갈등 관계를 양쪽 모두가 피해가 아니라 이익을 얻을 수 있는 방향으로 활용할 수 있을 것이다.

헤겔이 말한 바와 같이, 한 단계에서의 모순이 지양(극복)된 후 새로운 단계에서 새로운 모순이 발생하는 것이 역사의 발전이므로, 사회가 발전함에 따라 사회가 당면하는 모순은 끊임없이 변할 것이다. 그러나 사회발전과 무관하게 사라지지 않고 계속 존재하는 모순도 있

---

86 "철학이 지니고 가는 유일한 사상(이성이라고 하는 단순한 사상)은, '이성이 세계를 지배하고 있다. 따라서 세계사 역시 이성적으로 진행되고 있다'는 단순한 사상이다." Hegel, 김종호 역, 70쪽; "이성이 가장 구체적으로 표상된 것이 신이다." Hegel, 임석진 역, 97쪽.

다. 상생의 갈등에서 본 바와 같이 자유와 분배평등, 자본주의와 사회주의, 자유방임주의와 개입주의, 진보와 보수, 이기심과 이타심, 자본가와 노동자, 청년과 노년 간의 갈등 등은 시대에 상관없이 계속 존재할 것이다. 다만 시대와 사회에 따라서 지배적인 요소가 변하고, 그 갈등의 정도와 양태가 달라질 것이다. 따라서 이성을 이용하여 각 시대에 맞는 두 요소 간의 상생의 해법을 찾아야 할 것이다. 이런 갈등들이 영원히 해소되지 않고 존재한다고 실망할 필요는 없다. 흔히 갈등이 없는 세상을 이상향으로 생각한다. 그러나 갈등이 없는 세상이란 가능하지도 않겠지만, 바람직하지도 않다. 갈등이 없어지면 이성은 잠자고, 사람들은 나태에 빠질 것이다. 갈등의 존재는 사회의 부담이기도 하지만, 동시에 사회에 긴장을 제공하여 사람들로 하여금 나태에 빠지지 않고 이성이 계속 깨어 있도록 만들 것이다.

(4) 의식개혁, 선도자, 시대정신

이성적 사회발전의 관점에서 보면 의식개혁은 무의식적인 행동이나 제도개혁 못지않게 중요하다. 스미스와 하이에크의 사회진화론이나 마르크스의 유물변증법, 헤겔의 역사변증법이 주장한 바와 같이, 우리가 의식하지 못하는 사이에 우리의 사회와 경제가 발전하고, 그에 따라서 우리들의 윤리관이나 가치관 등 사고방식이 크게 바뀌어왔으며, 그로 인해 우리의 행동이 우리도 모르는 사이에 크게 변해 왔다는 것은 지난 40여 년간 우리 사회의 변화를 보아도 알 수 있다. 우리 사회가 고도 성장하여 소득이 높아지고 자본주의 중진국으로 발전함에 따라 개인주의의 확산, 출산율 저하, 이혼율과 자살률의 상승 등이 나타난 것이 모두 그러한 예다. 그러나 우리 국민들의 의식적 노력이 사회를 크게 변화시켜 온 것도 부인할 수 없는 사실이다. 우리나라에서 군사 독재가 물러난 것은 저절로 그렇게 된 것이 아니라, 군사 독재에 대한 국민들의 저항이라는 의식적인 노력의 결실이었다. 이처럼 의식적인 행동은 사회가 발전하는 데 주도적 역할을 담당할 수 있다.

경제발전이 의식을 바꾸기도 하지만, 반대로 의식개혁이 사회를 발전시키기도 한다. 따라서 **의식개혁**은 제도개혁 못지않게 사회발전에 중요한 영향을 끼친다. 보통 개혁이라고 하면 제도개혁을 생각한다. 1990년대 이래 우리나라 정부나 언론이 주로 거론하는 것도 대부분 제도개혁이다. 그러나 밀이 본 것처럼 사회의 발전을 궁극적으로 결정하는 것은 제도가 아니라 국민들의 의식 수준일 것이다.[87] 잘못된 제도는 고쳐야 한다. 그러나 제도개혁만으로 사회발전이 이루어지지는 않는다. 의식의 개혁과 발전은 궁극적으로 제도개혁보다 더 중요

---

[87] 대의민주제도는 가장 우수한 정치제도지만 국민들이 이 제도를 유지하고 운영할 의사와 능력이 있어야 가능한 것이며, 그렇지 못한 경우에는 군주제가 적합하고(Mill, 『대의정부론』, 233~234쪽), 사람들의 마음과 습관에 영향을 주지 못한다면 빈곤을 해결하기 위한 그 어떤 방법도 소용이 없으며(Mill, 『경제학원론』, 366쪽), 사람들의 지성과 도덕이 충분히 발전하기 전까지 사회주의는 실천될 수 없다(Mill, 『사회주의론』, 131쪽)는 주장 등에서 알 수 있는 바와 같이, 사회발전에서 사람들 의식의 발전이 궁극적으로 가장 중요한 요소라는 것이 밀의 일관된 생각이었다.

하다고 생각된다. 다음의 두 가지 이유 때문이다.

첫째, 제도개혁이 시행되더라도 의식개혁이 수반되지 않으면 실제로 제도개혁은 실천되기 힘들다. 형법이 제정되어도 범죄는 계속 발생하며, 우리나라에 직접 선거제도와 삼권분립제도라는 민주주의의 기본 제도가 도입된 지 벌써 60년이 지났음에도 불구하고 아직 이 제도의 시행이 불완전하며, 금권 선거를 금지하는 선거법이 있음에도 아직 금권 선거가 발생하고 있다. 범죄 발생을 줄이는 데 건강한 윤리의식이 엄격한 형법보다 더 효과적인 것처럼, 법이라는 제도보다 사람들의 의식이 사람들의 행동에 더 큰 영향을 미친다. 법의 눈은 남들이 있을 때만 나를 감시하지만, 양심의 눈은 항상 나를 지켜보고 있기 때문이다. 일반 국민들의 의식이 뒷받침되지 않는 제도는 실천되기 힘들다. 사회주의 국가들이 몰락한 것은 기본적으로 사람들의 윤리의식이 사회주의를 실천하는 데 필요한 만큼, 즉 자신의 몫에 상관없이 열심히 일한 만큼 높지 않았기 때문일 것이다.

둘째, 의식개혁이 선행되어야 제도개혁이 추진될 수 있다. 제도개혁이 시작되려면 이를 추진할 사람들의 의식적인 노력이 먼저 있어야 하고, 이 노력은 기존의 제도가 잘못되었다는 비판적 인식이 생기면서 시작될 것이다.

현재 우리에게 필요한 의식개혁은 근대 시민의식(자유주의 정신), 건강한 윤리의식 및 상생의 정신이라는 세 가지를 확립하는 것이다. 자유주의 정신(만인평등의 사상, 자유로운 정신과 관용, 독립심, 준법정신, 부당한 정권에 대한 저항의식 등)의 보급은 자유주의적 사회질서(민주주의, 법치주의 및 효율적인 시장경제)를 확립하는 데 필수적이다. 건강한 윤리의식(정직, 근면, 성실 등)은 시대와 사회를 막론하고 건강하고 풍요로운 사회를 만들기 위해 필수적이다. 동서고금을 통해 어떤 경제에서나 구성원들이 정직하고 열심히 일하고 저축하고 연구하면 잘살고, 그렇지 못하면 못살 수밖에 없다. 외국 여행에서 피부로 느낄 수 있는 것 중의 하나는, 선·후진국 간에 윤리의식 수준의 차이가 매우 크다는 것이다. 선진국일수록 정직하고 자유로우며 관용이 정착되어 있는 반면에 후진국일수록 그 반대다. 다음 상생의 정신은 자유주의의 개인주의로는 해결할 수 없는 인간소외, 노사 문제 등의 사회 갈등, 환경 문제 등의 공동의 갈등 문제를 해결하기 위해서 필요하다.

윤리의식에서 우리나라는 현재 중진국 수준에 있는 것 같다. 우리들은 흔히 권력자들의 권력형 부패를 비난한다. 그러나 현재 우리나라에서는 일반적으로 정부부문보다 민간 기업에서의 부패가 훨씬 더 심하다. 민간부문에는 정부부문보다 감시의 눈이 훨씬 적기 때문이다. 입만 열면 권력자들을 비난하는 우리들도 대부분 개인적·집단적 이기주의를 벗어나지 못하고 있다. 정의로 둔갑한 탐욕과 아집들이 고함을 지르는 소리가 천지에 가득하다.

의식개혁에는 특별히 효과적인 방법이 없고, 사회 분위기를 바꾸는 것이 가장 중요하다고 생각된다. **사람의 행동과 생각을 좌우하는 데 가장 큰 힘을 발휘하는 것은 사회 분위기(문화)이다.** 남들이 하면 그냥 따라

하는 것이 사람이다. 사람들은 아무리 좋은 일이라도 혼자서는 하기 힘들고, 아무리 나쁜 일이라도 남들이 하면 별 생각 없이 따라 한다. 직원 대부분이 부패한 기업에서는 누구나 부패하기 쉽고, 모두가 요령을 피우는 직장에서는 나도 요령을 피우게 된다. 우리나라를 선진국으로 바꾸려면 먼저 사회 분위기를 선진국 수준으로 바꿔야 한다. 남을 탓하기 전에 먼저 자기의 책임을 다하고, 스스로 염치와 부끄러움을 알며, 자신의 직위를 이용하여 검은 돈을 벌기보다는 자신의 생업을 성취하는 데서 보람을 찾으며, 다른 사람의 고통을 외면하지 말고, 환경 보존이 자신의 의무임을 알며, 사람이 아닌 다른 생명도 존중할 줄 아는 정도에 비례해서 우리나라가 현재의 침체와 혼란을 벗어나 자유롭고 평화롭고 풍요로운 문명사회로 나아갈 수 있지 않을까?

모든 사람이 한꺼번에 바뀔 수는 없으므로, 사회 분위기를 바꾸기 위해서는 밀, 오위켄, 뷰캐넌이 모두 말한 바와 같이, 개혁에 앞장서는 공평무사하고 통찰력 있는 소수 **선도자**의 역할이 필요할 것이다(Mill, 『대의정부론』, 316~317쪽; Eucken, 안병직·황신준 역, 544쪽; Buchanan & Brennan, 149~150쪽). 오위켄과 뷰캐넌은 특히 이해관계에서 비교적 자유로운 학자들이 사회개혁에 앞장서야 한다고 강조했지만, 이 사람들이 꼭 지식인들이거나 엘리트일 필요는 없을 것이다. 자기 직장과 동네의 잘못된 관행을 고치기 위해 주위의 눈총을 무릅쓰고 앞장서는 모든 사람이 이에 해당한다. 가장 효과적인 것은 대통령을 비롯한 정치 지도자들이 올바른 정신과 지도력을 가지고 앞장서는 것이겠지만, 정치

권력자들 중에는 이런 사람이 별로 없으므로 현실적으로는 자신의 이해관계에서 벗어나 현실의 문제점을 지적하고 그 해결 방안을 제시하는 용기 있는 소수가 나타나고, 이들의 주장이 사회의 공감대를 얻어 파급됨으로써 사회 분위기가 점차 바뀌어 가는 과정이 현실적 방안일 것이다.

이처럼 당대 사회의 핵심 문제를 정확히 파악하고, 그에 대한 올바른 해결책을 제시하여 국민들 대부분의 공감을 얻어서 사회발전을 이끌어 가는 생각을 **시대정신**Zeitgeist이라고 부를 수 있을 것이다. 17세기에서 19세기 전반까지 구미의 자유주의, 제2차 세계대전 이후 1970년대까지 구미 선진국의 복지국가론, 1980년대 이후 지금까지 영미를 중심으로 한 선진국의 신자유주의, 그리고 우리나라의 경우 1960년대 이후의 경제발전, 1980년대 이후의 민주화가 시대정신의 예일 것이다.

시대정신의 힘은 막강해서 이를 거스르기는 힘들 것이다. 시대정신은 사회 구성원 대부분의 의견을 하나로 결집시켜서 사회 분위기를 바꾸기 때문이다. 시대정신의 구현을 막을 수 있는 힘을 가진 사람이나 집단은 별로 없다. 시대정신은 기득권층의 이익을 침범하는 경우가 많고, 그에 따라서 기득권층은 시대정신을 막아 보려고 애를 쓰지만 결국은 실패하고 시대정신은 구현된다. 소수가 대다수의 생각을 막을 수는 없기 때문이다. 현실을 바꾸어 이성적 사회발전을 선도하고 실현하는 것은 결국 시대정신이다. 상생의 원리로 자유주의를 보완한 **상생적 자유주의**가 우리나라의 새로운 시대정신으로 자리 잡는다면, 자유와 상생이 실현되는 방향으로 우리나라가 발전할 것이다.

지금까지 고찰한 이성적 사회발전의 내용을 다음과 같이 정리할 수 있을 것이다.

이성은 정확한 사실판단 능력만이 아니라, 여기에 올바른 가치판단 능력(윤리의식)을 합한 것이다. 올바른 윤리의식은 사회 개선을 위해 필수적이다. 기존 사회의 잘못을 인식하는 것은 사실판단 능력이 아니라 가치판단 능력이기 때문이다. 올바른 윤리의식의 핵심은 모든 사람은 자유롭고 동등한 인격과 권리를 가진 존엄한 존재라는 만인평등의 정신일 것이다. 부당한 차별, 억압, 빈곤 등 모든 사회적 불의는 모두 만인평등에 어긋나는 현상들이다.

이성을 활용하여 적극적으로 개혁을 추진해야 한다. 사람의 사고 능력은 한정되어 있고 정보는 부족하지만, 인간의 가장 큰 힘인 이성을 사회발전에 활용하지 않는 것은 불합리하다. 이성은 시대의 문제와 그 해답을 찾는 데 인간이 의존할 수 있는 유일한 길잡이다. 우리의 이성은 불완전하지만 이성에 입각한 허심탄회한 토론은 우리가 점차 올바른 인식에 도달할 수 있는 유일한 길이다.

개혁은 점진적으로, 신중하게, 평화적으로 추진해야 한다. 이성은 한계가 있고 정보는 부족하므로 종합 계획을 세워서 사회를 한꺼번에 바꾸는 것은 사회주의 국가들의 경험에서 본 바와 같이 매우 위험하다. **시행착오를 통한 학습**learning by doing을 통해, 실수를 고쳐 가면서 점진적으로 사회를 개선시켜 나아가야 한다. 폭력은 피해자들에게 부당한 희생을 강요하므로 그 자체로 나쁜 것이다. 서로 이해하고 합의하여 평화적으로 사회를 고쳐 나가야 할 것이다.

자유로운 비판과 토론을 허용하는 관용의 풍토(열린 마음)가 조성되어야 한다. 지적으로 윤리적으로 모두 불완전한 인간의 잘못을 사전에 예방하고 사후에 시정하는 유일한 방법이 자유로운 토론과 비판이며, 이는 관용이 정착된 풍토에서만 가능하다. 이는 또한 평화적인 사회발전을 위해서도 필수적이다. 관용의 분위기 속에서 이루어지는 자유로운 비판과 토론을 통해 기득권층과 변혁 세력을 포함한 사회 구성원 전체의 합의가 도출될 수 있기 때문이다.

사회발전의 궁극적인 요인은 사람들의 의식 수준이며, 의식개혁은 사회발전의 필수 요소이다. 사회는 아무도 의도하지 않았던 진화를 통해 발전하기도 하고, 사회발전에는 제도개혁이 필수적이지만, 시대의 문제를 파악하고 해결책을 모색하는 것은 인간의 깨어 있는 의식을 통해서이며, 국민 대부분의 생각이 바뀌어야 진정한 제도개혁이 실천될 수 있다.

의식개혁을 위해서는 사회 분위기를 바꾸는 새로운 시대정신이 필요하다. 사람의 생각과 행동은 사회 분위기에 따라서 변하므로, 의식개혁을 위해서는 사회 분위기를 바꾸어야 한다. 이를 위해서는 이해관계에서 벗어나 현실의 문제점을 지적하고 새로운 방향을 제시하는 용기 있는 소수가 나타나고, 이들의 주장이 점차 사회의 공감대를 얻어 시대정신으로 형성될 때 이성적 사회개혁이 달성될 것이다.

참고문헌

· 서병훈, 「자유주의와 궁극적 가치」, 이근식·황경식 편, 2001, 79~106쪽.

· 이근식, 『애덤 스미스의 고전적 자유주의』, 기파랑, 2006. 3.

· _____, 『존 스튜어트 밀의 진보적 자유주의』, 기파랑, 2006. 7.

· _____, 『서독의 질서자유주의: 오위켄과 뢰프케』, 기파랑, 2007. 5.

· _____, 『신자유주의: 하이에크, 프리드먼, 뷰캐넌』, 기파랑, 2009. 3.(예정)

· _____, 『자유와 상생』, 기파랑, 2005. 11.

· _____, 『자유주의 사회경제 사상』, 한길사, 1999.

· _____, 「자유주의 생성의 역사적 배경」, 이근식·황경식 편, 『자유주의의 원류』, 철학과현실 사, 2003.

· 이근식·황경식 편, 『자유주의란 무엇인가?』, 삼성경제연구소, 2001. 9.

· _____, 『자유주의의 원류: 18세기 이전의 자유주의』, 철학과현실사, 2003.

· 정약용, 다산연구회 역주, 『역주 목민심서 IV』, 창비, 1984.

· _____, 이익성 역, 『경제유표 I』, 한길사, 1997.

· 황경식, 『사회정의의 철학적 기초』, 문학과지성사, 1985.

· Akerlof, George & Yellen, Janet, *Efficiency Wage Models of Labor Market,* University of Cambridge, 1986.

· Arblaster, Anthony, *The Rise and Decline of Western Liberalism*, Basil Blackwell, 1984.

· Aristotle, 아리스토텔레스, 최명관 역, 『니코마코스 윤리학』, 서광사, 1984.

· Arndt, H., "Economic Development: A Sementic History", *Economic Development and Cultural Change* (1981), vol. 29, 457~466쪽; S. Corbridge(ed.), *Development: Critical*

Concepts in the Social Sciences, vol. 1, Routledge, 2000, 47~55쪽 재수록.

· Arrow, K. J., *Social Choice and Individual Values*(2nd ed), Yale Univ. Press, 1963.

· _____, "Distributive justice and desirable ends of economic activity", in G. R. Feiwell(ed.) *Issues in Contemporary Macroeconomics and Distribution*, Macmillan, 1985.

· Arthur, J. and Shaw, W. H., *Justice and Economic Distribution*, Prentice-Hill, 1978.

· Bentham, Jeremy, *Jeremy Bentham's Economic Writings*, 3 volumes, ed. W. Stark, George Allen & Unwin, 1954.

· Bergson, A., "Reformulation of certain aspects of welfare function", *QJE* 52-2 (1938, Feb.).

· Berlin, Isaiah, "Two Concepts of Liberty", *Four Essays on Liberty*, Oxford University Press, 1969, 118~172쪽. 원래 1958년 옥스퍼드대학 교수 취임 연설.

· Bishop, Isabella Bird, *Korea and Her Neighbours*, 1898; 비숍, 이인화 역, 『한국과 그 이웃 나라들』, 살림, 1994.

· Buchanan & Brennan, H. G., *The Reason of Rules*, Cambridge Univ. Press, 1985.

· Buchanan, James & Tullock, Gorden, *The Calculus of Consent*, The University of Michigan Press, 1962.

· Clark, John Bates, *The Distribution of Wealth*, Macmillan, 1899, reprinted in 1923.

· Coser, Lewis Alfred, *Masters of Sociological Thoughts*, International ed. 1975; 루이스 A 코저, 신용하·박명규 역, 『사회사상사』, 일지사, 1978.

· Descartes, René(1637), *Discourse de la Méthode: Regulae ad Directionem Ingenii*; 데카르트, 이현복 역, 『방법서설: 정신 지도를 위한 규칙들』, 문예출판사, 1997.

· Dworkin, Ronald, *Sovereign Virtue*, Harvard University Press, 2000; 드워킨, 염수균 역, 『자유주의적 평등』, 한길사, 2005.

· Eucken, Walter, *Grundsätze der Wirtschaftpolitik*. 1952; 오위켄, 안병직·황신준 역, 『경제

정책의 원리』, 민음사, 1996.

· Foley, D., "Resource allocation and public sector", *Yale Economic Essays* 7-1 (1967, Spring), 45~98쪽.

· Gray, John, *False Dawn: the Delusions of Global Capitalism*, 2nd ed. Granta Books, 2002.

· Hayek, F. A., *Law, Legislation, and Liberty: A New Statement of the Liberal Principles of Justice and Political Economy.* University of Chicago Press.

  vol. 1, *Rules and Order*, 1973.(LLL1)

  vol. 2, *The Mirage of Social Justice*, 1976.(LLL2)

  vol. 3, *The Political Order of a Free People*, 1979.(LLL3)

· Hegel, Georg Wilhelm Friedrich, *Enzyklopädie der philosophischen Wissenschsften im Grundrisse*, 1830; 헤겔, 서동익 역, 『철학강요』, 을유문화사, 1998. (이 책은 흔히 줄여서 Enzyklopädie라고 부르며, 헤겔의 변증법적 논리학을 요약해서 설명하고 있다.)

· _____, *Volesungen über die Philosophie der Geschichte mit einem Vorwort von Eduard Gans und Karl Hegel*, Frammannes Verlag, 1928; 헤겔, 김종호 역, 『역사철학강의』, 삼성출판사, 1990.

· _____, *Die Vernuft in der Geschichte*, ed. by Hoffmeister, 1955; 헤겔, 임석진 역, 『역사 속의 이성』, 지식산업사, 1992. (바로 위의 책과 이 책 모두 베를린대학에서 1822년에서 1831년 사이에 모두 다섯 차례에 걸쳐 행한 헤겔의 역사 철학 강의를, 그의 강의안과 학생들의 강의 노트를 정리해 헤겔 사후에 출판한 것이고, 기본적으로 내용은 같다.)

· Hobhouse, Leonard T,. *Liberalism*, Introduction by Alan P. Grims, Oxford University Press, 1971. 초판은 1911년; 홉하우스, 최재희 역, 『자유주의』, 삼성미술문화재단, 삼성문화문고 46, 1974.

· Hunt, E. K., *History of Economic Thought: a Critical Perspective*, 1979; 헌트, 김성주·김양화 역, 『경제사상사』, 1982.

· ILO, *Employment, Growth and Basic Needs*, 1976.

· Kant, Immanuel, *Kritik der practischen Vernuft*, 1788; 칸트, 최재희 역, 『실천이성비판』, 박영사, 1992.

· Keynes, John M. "The end of laissez-aire". 이 글은 원래 1926년에 팸플릿으로 출판되었다가 그 후 *Essays in Persuasion* (1931)에 수록되었다.

· Krugman, Paul, "the new guilded age", NYTimes.com October 20, 2002.

· Kymlicka, Will, *Contemporary Political Philosophy: An Introduction*, 2nd ed., Oxford University Press, 2002.

· Laski, Herold J. *The Rise of European Liberalism* (with a new introduction of John L. Stanley), Transaction Publishers, 1997. 초판은 1936년.

· Locke, John, *The Second Treatise of Government: an Essay Concerning the True Original, Extent and End of Civil Government*, The Liberal Arts Press, New York, 1952. 최초 출판 1690년; 로크·J. S. 밀, 이극찬 역, 『통치론/자유론』, 삼성출판사, 1990, 27~209쪽.

· Marx, Karl, *Capital*, vol. 1, 1867; vols 2 & 3, ed. F. Engels, 1885~1894; 마르크스, 김수행 역, 『자본론』 1권(상·하), 2권, 3권(상·하), 비봉출판사, 1989~1990.

· Meek, R. L. "Smith, Turgot, and the 'Four Stages' Theory", *History of Political Economy*. vol. 3, Spring 1971, 9~27쪽. reprinted in *Adam Smith: Critical Assessments*. vol. 4, J. C. Cunningham ed., 142~155쪽.

· Mill, John Stuart(『경제학원론』), *Principles of Political Economy with Some of Their Applications to Social Philosophy. Collected Works of John Stuart Mill*, vol. II & III, Introduction by V. W. Bladen, Textual Editor J. M. Robson, University of Toronto Press, Routledge & Cagan, 1965.

· _____(『자유론』), *On Liberty*, 1859; 밀, 이극찬 역, 『자유론』, 삼성출판사, 1990.

· _____(『대의정부론』), *Considerations on Representative Government*, 1861. *On Liberty and Other Essays: the World Classics*, edited with an Introduction by John Gray, Oxford University Press, 1991, 203~467쪽.

· _____(『사회주의론』), *On Socialism*, with an introduction by Lewis S. Feuer, Prometheus Books, 1987. 초판은 밀의 사후 1879년.

· Nozick, R., *Anarchy, State and Utopia*, Basic Books, 1974.

· Plato, 플라톤, 박종현 역, 『플라톤의 국가 · 政體』, 서광사, 1997.

· Popper, Karl, *Open Society and Its Enemies*, volume I & II, Routledge & Kegan Paul, 1966; 칼 포퍼, 이한구 · 이명현 역, 『열린 사회와 그 적들』 2권, 민음사, 1982.

· _____, *Conjectures and Reputations*, 1989. 초판은 1963년; 칼 포퍼, 이한구 역, 『추측과 논박』 1 · 2, 민음사, 2001.

· Rawls, J., *Political Liberalism*, Columbia University Press, 1993; 롤즈, 장동진 역, 『정치적 자유주의』, 동명사, 1999.

· _____, *A Theory of Justice*, The Belknap press of Harvard University Press, 1971.

· Robinson, J. & Eatwell, J., *An Introduction to Modern Economics*, Mc Graw-Hill, 1973.

· Röpke, Wilhelm, *Civitas Humana: Grundfragen der Gesellschafts und Wirtschafsreform*, Eugen Retsch Verlag, Erlenbach-Zurich, Switzerland, 1944; Cyril Spencer Fox 역, *Civitas Humana: A Human Order of Society*, William Hodge and Company, 1948.

· Rossi, Pietro, "Scientific objectivity and value hypothesis," *International Social Science Journal*, 1965, vol. 15, 84~98쪽. reprinted in *Max Weber: Critical Assessments*, Peter Hamilton ed., Routledge, vol. 1, 344~350쪽.

· Ruggiero, Guido de, translated by R. G. Collingwood, *The History of European*

Liberalism, Beacon Press, 1959.

· Samuelson, Paul, "A Summing-up", *the Quaterly Journal of Economics*, vol. 80-4 (1966), 568~583쪽.

· Sen, A. K., "Development: which way now", *The Economic Journal*, December 1983.

· _____, "Justice", *The New Palgrave; A Dictionary of Economics*, Vol. 2, 1987, 1039~1042쪽.

· Smith, Adam(『도덕감정론』), *The Theory of Moral Sentiments*. D. D. Raphael and A. L. Macfie(eds.), The *Glasgow Edition of The Works and Correspondence of Adam Smith*, vol. Ⅰ, Oxford University Press, 1976.

· Tax, Sol & Krucoff, Larry S., "Social Darwinism", *International Encyclopedia of Social Sciences*, The Macmillan Company and The Free Press, New York, 1972, 402~406쪽.

· Varian, H., "Equity, envy and efficiency", *Journal of Economic Theory*, 9-1 (1974), 63~91쪽.

· Viner, J., "Bentham and J. S. Mill", *American Economic Review*, Vol. 39, March 1949. reprinted in Jacob Viner, *The Long View and the Short*, The Free Press, 1958.

· Walzer, Michael, "The communitarian critique of liberalism", *Political Theory*, Feb. 1990, 6~23쪽.

· _____, *Spheres of Justice; a Defense of Pluralism and Equality*, Basic Books, 1983; 마이클 왈쩌, 정원섭 외 역, 『정의와 다원적 평등: 정의의 영역들』, 철학과현실사, 1999.

· Yellen, Janet L., "Efficiency Wage Models of Unemployment", *The American Economic Review*, vol. 74, No. 2, Papers and Proceedings (May, 1984), 200~205쪽.

이
흐
식